Das Buch

Haben Sie schon mal »panische Orangen« probiert? Oder Fleisch von Dü? Wissen Sie, ob Paprika-Schotten wirklich aus Schottland kommen und wo der Camembär zu Hause ist? Dann nichts wie ran an den Specht!
Bastian Sicks »Happy Aua«-Reihe hat längst Kultstatus erreicht. Hiermit liegt nun der sechste Band vor – wiederum prall gefüllt mit den unglaublichsten Fundstücken aus dem Sprachalltag. Denn der Fehlerteufel treibt sein Unwesen munter weiter und denkt gar nicht daran, unseren Lachmuskeln eine Pause zu gönnen.
Wer die Tücken der Sprache kennt, der weiß: Schon ein Buchstabe kann alles verändern – ob in Überschriften wie »Immer mehr Flüchtlinge kommen über die Balkon-Route« oder der Warnung vor einer »Ansteckung mit dem Zicken-Virus«.
Schlagen Sie dem Teufel ein Schnäppchen beim Kauf einer zeitlos eleganten »Biesnestasche« oder eines Brautkleides mit »Paletten im Brustbereich«. Und was du heute nicht kannst besorgen, das bekommst du ganz bestimmt morgen, denn wie heißt es in einem Schaufensteraushang in Brandenburg so schön: Morgen haben wir wieder für Sie da!

Der Autor

Bastian Sick, geboren in Lübeck, studierte Geschichtswissenschaft und Romanistik. Während seines Studiums arbeitete er als Korrektor für den Hamburger Carlsen-Verlag. 1995 wurde er Dokumentationsjournalist beim SPIEGEL, 1999 wechselte er in die Redaktion von SPIEGEL ONLINE. Dort schrieb er ab 2003 die Sprachkolumne »Zwiebelfisch«. Aus diesen heiteren Geschichten über die deutsche Sprache wurde die Buchreihe »Der Dativ ist dem Genitiv sein Tod«. Es folgten zahlreiche Fernsehauftritte und eine Lesereise, die in der »größten Deutschstunde der Welt« gipfelte, zu der 15.000 Menschen in die Köln-Arena strömten. Seitdem war Bastian Sick mehrmals mit Bühnenprogrammen auf Tournee, in denen er eine neuartige Mischung aus Lesung, Kabarett und Quizshow präsentierte. In zwölf Jahren schrieb er zwölf Bücher. Zuletzt erschien von ihm »Der Dativ ist dem Genitiv sein Tod – Folge 6«. Bastian Sick lebt und arbeitet in Hamburg und in Niendorf an der Ostsee.

Weitere Titel bei Kiepenheuer & Witsch

»Der Dativ ist dem Genitiv sein Tod. Ein Wegweiser durch den Irrgarten der deutschen Sprache«, KiWi 863, 2004 (liegt auch als gebundene Schmuckausgabe vor). »Der Dativ ist dem Genitiv sein Tod – Folge 2. Neues aus dem Irrgarten der deutschen Sprache«, KiWi 900, 2005. »Der Dativ ist dem Genitiv sein Tod – Folge 3. Noch mehr Neues aus dem Irrgarten der deutschen Sprache«, KiWi 958, 2006. »Happy Aua. Ein Bilderbuch aus dem Irrgarten der deutschen Sprache«, KiWi 996, 2007. »Zu wahr, um schön zu sein. Verdrehte Sprichwörter – 16 Postkarten«, KiWi 1050, 2008. »Happy Aua 2. Ein Bilderbuch aus dem Irrgarten der deutschen Sprache«, KiWi 1065, 2008. »Der Dativ ist dem Genitiv sein Tod – Folge 1–3 in einem Band. Ein Wegweiser durch den Irrgarten der deutschen Sprache«, KiWi 1072, 2008. »Der Dativ ist dem Genitiv sein Tod. Das Allerneueste aus dem Irrgarten der deutschen Sprache«, KiWi 1134, 2009. »Hier ist Spaß gratiniert. Ein Bilderbuch aus dem Irrgarten der deutschen Sprache«, KiWi 1163, 2010. »Wir sind Urlaub – Das Happy-Aua-Postkartenbuch«, KiWi 1190, 2010. »Wie gut ist Ihr Deutsch? Der große Test«, KiWi 1233, 2011. »Der Dativ ist dem Genitiv sein Tod – Folge 5«, KiWi 1312, 2013. »Wir braten Sie gern! Ein Bilderbuch aus dem Irrgarten der deutschen Sprache«, KiWi 1346, 2013. »Füllen Sie sich wie zu Hause. Ein Bilderbuch aus dem Irrgarten der deutschen Sprache«, KiWi 1410, 2014. »Der Dativ ist dem Genitiv sein Tod – Folge 6«, KiWi 1450, 2015. »Speck, lass nach! Verdrehte Sprichwörter – 16 Postkarten«, KiWi 1519, 2016. »Der Dativ ist dem Genitiv sein Tod – Folge 4–6 in einem Band. Ein Wegweiser durch den Irrgarten der deutschen Sprache«, KiWi 1532, 2016.

Bastian Sick
Schlagen Sie dem Teufel ein Schnäppchen

Ein Bilderbuch aus dem Irrgarten
der deutschen Sprache

Kiepenheuer & Witsch

MIX
Papier aus verantwortungsvollen Quellen
FSC® C083411

Verlag Kiepenheuer & Witsch, FSC®-N001512

1. Auflage 2017 (20.000 Exemplare)

© 2017, Verlag Kiepenheuer & Witsch, Köln
© SPIEGEL ONLINE GmbH, Hamburg 2017
© Bastian Sick, Niendorf/Ostsee
Alle Rechte vorbehalten. Kein Teil des Werkes darf in irgendeiner Form (durch Fotografie, Mikrofilm oder ein anderes Verfahren) ohne schriftliche Genehmigung des Verlages reproduziert oder unter Verwendung elektronischer Systeme verarbeitet, vervielfältigt oder verbreitet werden.
Umschlaggestaltung: Barbara Thoben, Köln
Umschlagmotiv: © Getty Images/parema
Autorenfoto: Till Gläser
Gesetzt aus der Frutiger
Satz: Felder KölnBerlin
Druck und Bindearbeiten: CPI books GmbH, Leck
ISBN 978-3-462-05029-5

Inhalt

Vorwörtchen	7
Alles frisch?	10
Morgen machen wir wieder für Sie da!	16
Schlagen Sie dem Teufel ein Schnäppchen!	22
Im Falle eines Falles	32
Der 5. Fall	38
Wenn Orangen Panik kriegen	42
Einfach tierisch	54
Professjonelle Nachhillfe in Deutsch und Matte	66
Problembehandlung aufgrund eines Problems nicht möglich	74
Nachrichten aus Deutschland und aller Welt	80
Paletten im Brustbereich	88
Nicht ohne meinen Anwalt	96
Und also steht geschrieben …	104
Mit verbesserter Formulierung	110
Gar nicht lustig!	122
Man gönnt sich ja sonst nicht's	128
Verboten!	138
Von der Einzahl in die Mehrzahl	148
Man nehme acht Kinder	154
Haus und Garten	162

Küchensause	172
Verbrechen und andere Kleinigkeiten	184
Wegweisend	190
Ab in den Urlaub!	198
Bildnachweis	210

Vorwörtchen

»Schlagen Sie dem Teufel ein Schnäppchen«, las meine Freundin Sibylle, als ich ihr die Titelentwürfe für mein neuestes Buch zeigte, und fragte verwundert: »Wo ist da der Witz? Du hast doch sonst immer einen bewussten Fehler oder ein Wortspiel in deinen Titeln versteckt.« – »Hier genauso«, erwiderte ich. »Es heißt normalerweise *jemandem ein Schnippchen schlagen*.« Sibylle lachte und fragte: »Ein Schnippchen? Was, bitte, soll denn das sein?«

Da Sibylle vermutlich nicht die Einzige ist, der die Bedeutung des Wortes »Schnippchen« nicht geläufig ist, verdient es an dieser Stelle wohl eine Erklärung. Das »Schnippchen« kommt vom Verb »schnippen«, das eng mit »schnipsen« verwandt ist und eine lautmalerische Nachahmung des Geräuschs ist, das beim Schnellen der Finger entsteht.

Das Fingerschnippen galt in früheren Zeiten als eine Gebärde des Spotts und der Verachtung. Wer in der Gegenwart eines anderen mit den Fingern schnippte, ihm also »ein Schnippchen schlug«, der machte sich über ihn lustig oder brachte seine Überlegenheit zum Ausdruck. Wer dem Teufel – oder wie die Protestanten eher sagen: dem Schicksal – ein Schnippchen schlug, der bewies seine Furchtlosigkeit und seinen Mut. Allerdings pflegten auch Herrschaften im Umgang mit ihrem Dienstpersonal zu schnippen, um ihren Befehlen Nachdruck zu verleihen, so wie es Hundehalter gelegentlich bei der Erziehung ihrer Vierbeiner tun. Aus diesem Grund gilt das Fingerschnippen heute als unhöflich.

Wer im Restaurant die Bedienung mit Schnippen auf sich aufmerksam zu machen versucht, beweist keine gute Kinderstube. In meiner Grundschulzeit war uns das Fingerschnippen im Unterricht strengstens verboten.

Die Redewendung mit dem Teufel ist noch heute geläufig, auch wenn das Schnippchen zunehmend von ähnlich klingenden Wörtern wie Schnittchen, Schippchen oder Schnäppchen ersetzt wird.

»Dann ist dem Teufel ein Schnäppchen schlagen also verkehrt«, schlussfolgerte Sibylle, fast ein wenig enttäuscht. »Dabei liebe ich Schnäppchen doch so sehr!« – »Aber Schnäppchen schlägt man nicht«, gab ich zu bedenken. »Sag das nicht«, entgegnete Sibylle. »Wenn ich ein Schnäppchen machen kann, dann schlage ich zu.«

Schnippchen und Schnäppchen gehören zu einer ganzen Reihe von Wörtern, die nur noch in der Verkleinerungsform existieren. So wie das »Schlafittchen«[1] oder die »Sperenzchen«[2]. Viele dieser »Wörtchen« stammen aus Flora und Fauna, so wie das Alpenveilchen, das Stiefmütterchen, das Schneeglöckchen und das Gänseblümchen, das Rotkehlchen, das Seepferdchen und das Glühwürmchen. Wer aber könnte uns sagen, wo die Rotkehle und der Glühwurm herumfliegen, wo die Alpenveile blüht und die Schneeglocke läutet? Vermutlich gab es einst ein Land, das von Riesen bevölkert war. Gewaltige Riesen, durch deren Adern Blutplatten rauschten, die beim Lachen Gruben im Gesicht hatten und an deren Ohren Lappen hingen. Die Geschwätzigen von ihnen plauderten gern aus dem Nähkasten und kamen dabei von Holz auf Stock, die Peinlichen ließen keinen Fettnapf aus und die Geschickten freuten sich, wenn alles wie

---

[1] vom »Schlagfittich«, dem Flügel, bei dem man Enten und Gänse fasst.

[2] aus lat. sperantia = Hoffnung, Erwartung; »Sperenzien machen« bedeutete ursprünglich »sich Hoffnungen machen«, nahm später in Anlehnung an »sich sperren« die Bedeutung »sich winden, widerstreben« an.

an der Schnur lief. Ihre Jüngsten nannten sie zärtlich Nesthaken und lasen ihnen Mären vor von Rotkappe und Dornrose und dem großen Rumpelstilz. Auch ihre Hunde waren riesig, sie machten Mann, gaben Pfote und jagten im Rudel Kanin und Frett. Trotz ihrer Größe waren die Riesen sehr gesellig und umgänglich: Beim Kaffeekranz reichten sie selbst gebackene Plätze, füllten sich die Tassen mit Blumenkaffee, und wenn jemand Geburtstag hatte, sangen sie ihm einen Stand. Falschparker bekamen eine eindrucksvolle Knolle, und wer Fieber hatte, wurde mit einem Zapfen kuriert. So oder so ähnlich muss es gewesen sein, im Reich der Riesen, wo Seepferde durch die Wellen pflügten und die Bäume sich unter der Last der Weidenkatzen und Eichhörner bogen. Dort hätte man dem Teufel auch bestimmt kein Schnippchen geschlagen, sondern einen Schnipp, bei dem ihm Hören und Sehen vergangen wäre.

Verlassen wir damit die Märchenwelt und kehren wir zurück in die Wirklichkeit des deutschen Sprachalltags, der allerdings, wie dieses Buch gleich zeigen wird, bisweilen unwirklicher, verrückter, skurriler und verdrehter sein kann, als wir es uns in unseren kühnsten Fantasien ausdenken könnten. Und es müsste mit dem Teufel zugehen, wenn Sie dabei vor Lachen nicht nach Luft schnappen. Viel Vergnügen!

Bastian Sick
Niendorf an der Ostsee, im Mai 2017

Alles frisch?

Es gibt eine Reihe von Wörtern, die so untrennbar zur Werbung gehören wie der Mitklatsch-Rhythmus zum deutschen Schlager. Unscheinbare, kleine Wörter, ohne die Werbung gar nicht möglich wäre. Wörter wie »neu«, »extra« und »günstig«. Kein Salat ohne »knackig«, kein Weichspüler ohne »flauschig«, kein Hähnchen ohne »knusprig«, keine Soße ohne »lecker«. Doch die Königin unter den Werbewörtern ist das Wort »frisch«. Mit »frisch« lässt sich so gut wie alles verkaufen – selbst wenn es sich um Unterwäsche oder Viehdung handelt.

Als einer der ersten Märkte zog Aldi Konsequenzen aus dem Gammelfleischskandal und sortierte das alte Frischfleisch aus.

»Aldi Süd« Aachen

Gestern angerührt, dann behutsam über Nacht gebacken – und gerade eben aus dem Ofen geholt.

Bäckerei in Hagen-Hohenlimburg (Nordrhein-Westfalen)

Für alle, die Ironie verstehen – und einen festen Magen haben.
Restaurant in Solingen (Nordrhein-Westfalen)

Frisch schmecken sie bekanntlich am besten.
Wyk auf Föhr (Schleswig-Holstein)

Der eine zaubert ein Kaninchen aus dem Hut, der andere ein Geldstück aus dem Ohr, doch diese Eier zaubert man von woanders hervor.

Wochenmarkt in Bad Salzuflen (Nordrhein-Westfalen)

Mit anderen Worten: frisch geschlüpfte Unterwäsche.

Textilgeschäft in Weimar (Thüringen)

Die Abteilungsleiterin darf ruhig schon etwas abgehangen sein, aber für die Stelle der Metzgerin will man natürlich Frischfleisch.
»Real«-Markt in Weingarten (Baden-Württemberg)

Sie sind vielleicht etwas schuppig und sie reden nicht viel, insgesamt aber wurde die Idee, frische Fische als Bedienung einzustellen, von den Kunden positiv aufgenommen.

»Rewe«-Markt in Frankfurt-Rödelheim

Morgen machen wir wieder für Sie da!

An vielen Geschäften und Lokalen geht man achtlos vorbei – dabei lohnt sich der Blick ins Fenster fast immer. Ob Öffnungszeiten, Leistungsangebote oder Urlaubsankündigungen – in den Mitteilungen an die verehrte Kundschaft wimmelt es von bemerkenswerten Formulierungen, die jedem Sprachliebhaber das Herz aufgehen lassen.

Nichts wie weg in die Ferien!
Imbiss in Reutlingen (Baden-Württemberg)

Endlich hatte Gastwirt Alfonso eine Methode gefunden, mit der er das Finanzamt und die Gewerbeaufsicht restlos verwirren würde.
Speiselokal in Berlin-Mitte

Eisverkäufer Gino war nicht der Erste, der wegen unqualifizierter Mitarbeiter das Handtuch warf. Nun hatte er wenigstens mehr eigene Zeit.
Eissalon in Karlsruhe

Alles für den guten Zweck!
Fahrschule in Bielefeld

Schneiderin Gerlinde P. wurde immer wieder für ihre außerordentliche Toleranz gelobt.
Fürth

Verkäuferin Uschi S. war völlig hausgelöst, als sie sah, wie ihr Bargeld verkaut wurde.
Bad Oeynhausen (Nordrhein-Westfalen)

Unternehmer H. aus M. hatte erkannt, dass in Zeiten zunehmender Rücksichtslosigkeit neue Formen der Dienstleistung gefragt waren.

Transportunternehmen in Mainz

Ein klassisches Beispiel für die Rheinische Verlaufsform. Im Ruhrgebiet würde man noch ein »dran« anhängen: Bin am Ausliefern dran.

Teppichgeschäft in Euskirchen (Nordrhein-Westfalen)

Es gibt verschiedene Möglichkeiten, das Wort »geschlossen« zu umschreiben. Dies ist eine davon.
Imbiss in Bautzen (Sachsen)

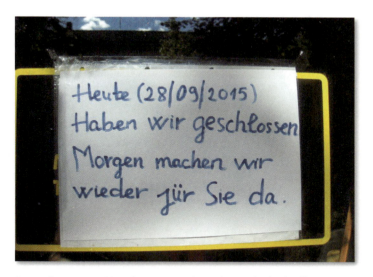

Denn für unsere Kunden tun und machen wir doch alles!
Imbiss in Rheinsberg (Brandenburg)

Schlagen Sie dem Teufel ein Schnäppchen!

Es geht nicht immer unbedingt besser, aber meistens geht es billiger. Hier finden Sie Angebote, zu denen Sie unmöglich Nein sagen können: hüpfende Hosen, lärmende Mützen und steife Damenstiefel. Schlagen Sie zu, bevor Sie selbst geschlagen werden!

Oft genügt es schon, ein altbekanntes Produkt einfach mit einem neuen Namen zu versehen, um das Interesse der Kunden zu wecken.

»Centershop« Leverkusen

Die Einführung eines neuen Starkbieres des Computerherstellers Acer scheiterte am überhöhten Preis.

Angebot für ein Notebook im »Marktkauf« in Gütersloh (Nordrhein-Westfalen)

Tom war begeistert: Endlich hatte er ein Brett gefunden, auf dem er nicht nur rollen, sondern auch zum Angeln rausfahren konnte.

Trödelmarkt am Havelpark in Dallgow-Döberitz (Brandenburg)

Helmut staunte nicht schlecht, als seine Frau mit fünf neuen Paar Schuhen nach Hause kam.
Bremen-Vegesack

Schuhverkäufer Manuel hatte jedes Mal ein schlechtes Gewissen, wenn er einem Kunden mehr als 189 Euro abnahm. Er tat das wirklich nur äußerst ungern.
Bleichenhofpassage in Hamburg

Rüdiger hasste es, wenn er beim Tischfußball ausgelacht wurde. Mit einem neuen Kickertisch würde ihm das bestimmt nicht mehr passieren.
»Real«-Markt in Freising (Bayern)

Auch in der Textilbranche ist vielen die Rechtschreibreform ein Greul.

EZB-Einkaufszentrum Erlangen (Bayern)

Diese Damenstiefel sind offenbar aus besonders steifem Leder ...

Schuhgeschäft in Stuttgart

Hopsasa, die neuen Hosen zum Hopsen sind da!

Viersen (Nordrhein-Westfalen)

Und Schallala, jetzt sind auch die Mützen da!

Wilhelmshaven (Niedersachsen)

»Mach jetzt bloß nicht die Welle, Mirko!«, stöhnte seine Frau, als sie bei den Küchengeräten angekommen waren.

»Karstadt« in Nürnberg-Langwasser

Er ist halt etwas schüchtern. Vielleicht hatte er eine schwierige Kindheit. Aber egal. Schwamm drüber.

Aus dem »Netto«-Markt-Sortiment

Nu schau sich einer diese Teller an! Eigentlich sind's ja eher Gläser, aber wer wird denn bei so einem Preis kleinlich sein?

»Lidl«-Markt in Köln-Ehrenfeld

Nach Clogs und Crocs hier der letzte Schrei: Schuhe mit Zeitanzeige. Auf denen laufen Sie wie ein aufgezogenes Uhrwerk.

»Intersport« in Berlin-Mitte

Haustiere aus Silikon sind zwar alles in allem pflegeleichter und anspruchsloser als lebende Tiere, aber sie haaren genauso.

Aus dem »TEDi«-Sortiment

»Wenn das Weihnachtsartikel sind«, sagte der Nikolaus zur Zahnfee, »dann bin ich der Osterhase!«

Einzelhändler in Bad Homburg (Hessen)

Im Falle eines Falles

Die deutsche Sprache verlangt ihren Benutzern einiges ab: drei Geschlechter, vier Fälle, diverse Deklinationsgruppen – kein Wunder, wenn man dabei immer wieder ins Schleudern gerät. Sprachunfälle sind daher an der Tagesordnung – vor allem Unfälle mit den vier Fällen. Nicht genug damit, dass dem Genitiv langsam die Luft ausgeht – auch der Akkusativ muss immer wieder Schläge einstecken. Man fragt sich, wie das Finnische so lange durchhalten konnte, das nicht weniger als 15 Fälle vorzuweisen hat. Wir jedenfalls haben bald nur noch einen: den Nomidatikusativ. Dann heißt es: Einer für alle und alle für einem.

Aus dieser Parfümerie ist der Akkusativ längst verduftet.
Wuppertal-Barmen

Hier hatte offenbar Gollum aus dem »Herrn der Ringe« seine Finger im Spiel, der für den Ausruf »Mein Schatz!« weit über Mittelerde hinaus bekannt ist.

»Achimer Kreisblatt« (Niedersachsen)

»Ich gönne mir ein T«, beschloss Scrabble-Weltmeister Tritus Wortwerth, »und dem Schild gönne ich ein ›e‹ und ein ›n‹, denn man muss auch anderen gönnen können.«

Berlin-Kreuzberg

Infolge übermäßigen Teekonsums kann es passieren, dass man neben dem Lärm der Welt auch noch anderes vergisst, zum Beispiel den Akkusativ.

Teegeschäft in Hameln (Niedersachsen)

Vor die totale Überwachung per Handy hat das Internet die totale Verflachung der Sprache gesetzt.

www.handy-spion.net

Die Antwort lautet: Ein guter Vater macht aus großen Sorgen kleine und aus schlechtem Deutsch gutes.

www.letsfamily.ch

Für viele ist der Duden nicht mehr das, was er mal war. Dieser Anzeigentext tut ihm allerdings unrecht.

Aus dem Prospekt einer Versandbuchhandlung

An Tagen wie diesen wünscht man sich, man hätte die Anzeige vor dem Druckauftrag noch einmal überprüft.

Familienanzeige in der »Westfälischen Rundschau«

Wenn die Seilbahn bereits grammatisch derartig ins Schlingern gerät, verspricht die Fahrt das reinste Abenteuer zu werden.

Bad Harzburg (Niedersachsen)

Der Genitiv ist keineswegs immer der Schwache; hier nimmt er am Dativ heimtückisch Rache:

PROZESS 40 Jahre na

Von A▇▇▇ ▇▇▇

WORMS. Mehr als 40 Jahre sind vergangenen seit des heimtückischen Mordes an dem Wormser Gastwirt ▇▇▇ ▇▇▇ ▇▇▇ ▇▇▇. Am Morgen des 30. März 1971 fand seine Frau ihren damals 48 Jahre alten

Seit dieses Tages gibt es für den Genitiv kein Halten mehr …

»Wormser Zeitung« (Rheinland-Pfalz)

Der 5. Fall

Während dem Genitiv sein Schicksal besiegelt scheint und viele Menschen dem Dativ von den Akkusativ nicht mehr zu unterscheiden wissen, hat sich still und leise ein neuer Fall entwickelt: der Vonitiv. Noch steht er zwar in keinem Lehrbuch, aber er wird immer beliebter. Die Presse mag schon gar nicht mehr auf ihn verzichten. Die Stilblütensammler auch nicht, denn dank des Vonitivs (genauer gesagt: dank von dem Vonitiv) wimmelt es in den Schlagzeilen von Missverständnissen.

> Kurz vor einer geplanten Demonstration der russischen Opposition ist in Moskau einer der letzten Kritiker von Präsident Wladimir Putin erschossen worden. Laut Innenministerium sei Boris Nemzow am späten Freitagabend über eine Brücke nahe des Kreml gelaufen,

Präsident Putins Fähigkeiten als Schütze stehen ebenso außer Frage wie sein kompromissloser Führungsstil.

»Hannoversche Allgemeine«

Angespornt vom Erfolg der somalischen Piraten, versucht sich jetzt auch eine Reederei aus Bremen im Kapergeschäft.

tagesschau.de

MELDUNGEN DES TAGES

70-Jähriger Erpresser von Linda de Mol vernommen

Utrecht. Die niederländische Polizei hat den mutmaßlichen Erpresser der Fernsehmoderatorin Linda de Mol (50) festgenommen – einen 70 Jahre alten Mann. Er habe gestanden, teilte die Polizei gestern in Utrecht mit. Ent-

Linda de Mols Verhörtaktiken sind gefürchtet – vermutlich hat der 70-Jährige schon nach wenigen Minuten ein umfassendes Geständnis abgelegt.

»Westdeutsche Zeitung« (Nordrhein-Westfalen)

Pkw-Radmuttern von Polizei gelockert

DÜSSELDORF. (dapd) In Nordrhein-Westfalen sind in den letzten Wochen an mehreren Privatfahrzeugen, die vor Dienstgebäuden der Polizei standen, gelockerte Radmuttern festgestellt worden. Sol-

Wenn auch bei Ihnen die ein oder andere Schraube locker ist, dann war's vielleicht die Polizei, dein Freund und Radmutternlockerer.

»Rheinische Post« (Nordrhein-Westfalen)

> **Sicherheitsbeamter von Gauck beklaut**
>
> **NEAPEL** Ausgerechnet einem Sicherheitsbeamten von Bundespräsident Joachim Gauck ist italienischen Medienbe-

Ein derartiges Benehmen hätte man dem Bundespräsidenten gar nicht zugetraut.

»Schweriner Volkszeitung«

> Notfälle
>
> **Hunderte russische Eisfischer von Scholle gerettet**
>
> **Moskau. Im eiskalten Pazifik vor der russischen Insel Sachalin sind in einer spektakulären Aktion etwa 675 Eisfischer von einer treibenden Scholle gerettet worden. Die Menschen waren vom Ufer abgeschnitten, nachdem ein Eisstück vor der Küste von Dolinsk im Südosten abgebrochen war.**

Die Rettungsschwimmer-Ausbildung von Plattfischen macht sich bezahlt. Goldbutt »Schollie« war der Held des Tages.

weser-kurier.de

Wenn Orangen Panik kriegen

Lust auf etwas Abwechslung im täglichen Speiseplan? Probieren Sie doch mal die Teesorte »Frühes Grau« oder den Vitaminsaft für Kopf und Zeh! Kommen Sie mit auf den Gemüsemarkt und in den Supermarkt: Dort finden wir nicht nur vorwiegend Kartoffeln, sondern auch verängstigtes Obst, gestauchtes Gemüse und manches andere, was aus der Form läuft. Und endlich die Antwort auf die Frage, warum die Banane krumm ist.

»Haben Sie noch alte Kartoffeln mit Gülle?«, fragte Opa Röger, »die schmeckten irgendwie würziger.«

Bauernhof in Ganderkesee (Niedersachsen)

Den Kampf um die besten Parkplätze konnten in diesem Jahr die Erdbeeren für sich entscheiden: Während sie in der Mitte parken dürfen, muss der Spargel an den Rand.

Verkaufsstand in Schönebeck an der Elbe (Sachsen-Anhalt)

Es können auch mal ein oder zwei Kilo weniger sein – da wollen wir uns nicht festlegen. Hauptsache, der Preis ist immer derselbe.

»Edeka«-Markt in Barbis (Niedersachsen)

Wenn Ihnen diese Schreibweise spanisch vorkommt,
dann haben Sie niescht richtig hingeschaut.
»Edeka«-Markt in Groß-Umstadt (Hessen)

Die Neuheit aus Belgien: gestauchte Tomaten. Nur noch halb so groß wie Oliven.

»Absolut«-Frischemarkt in Osnabrück

Supermarkt-Verkäufer Erwin Hummel konnte sich noch gut daran erinnern, wie ihm als Schüler im Diktat das Wort »Himmbeere« als falsch angestrichen worden war. Ein Buchstabe zu viel, hatte die Lehrerin gesagt. Das sollte ihm kein zweites Mal passieren.

»Coop« in Ilanz (Schweiz)

Der Oscar für die beste Verwandlung geht an Granny Smith.
Gemüsemarkt in München-Solln

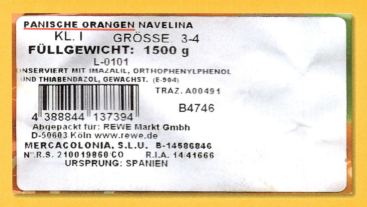

Seit immer mehr Südfrüchte unter Depressionen und Angstzuständen leiden, erwägt man ernsthaft, die Behandlung mit Chemikalien grundsätzlich zu verbieten.

»Rewe«-Markt in Köln

Selbst die sonst so unerschrockene Ananas ist bereits von Furcht gezeichnet.

»Homann«-Geflügelsalat

Auf die alte Frage »Warum ist die Banane krumm?« liefert dieser Bioladen eine verblüffend einleuchtende Erklärung.
Biomarkt in Lippstadt (Nordrhein-Westfalen)

Und die Antwort auf die Frage »Warum sind die Gurken grum?« lautet: Weil Sie aus dem Frangenland kommen!
Einzelhändler in Nürnberg

Die populäre Teesorte für alle Frühaufsteher; denn wie heißt es so schön: Das frühe Grau fängt den Wurm (oder wenigstens die Berga-Motte).

»Real«-Markt in Karlsruhe-Bulach

Dieser Saft verleiht dank Vitaminen Kraft – und zwar von Kopf bis Zeh.

»Edeka«-Markt in Glückstadt (Schleswig-Holstein)

Nicht nur Journalisten und Werber wissen ihn zu schätzen: den Blindtext. Mit dem entsprechenden Gewürz verfeinert, wird er zur Delikatesse für jedermann.

Gewürzglas der Marke »Vom Feinsten« (Friedrich Klocke GmbH & Co. KG)

Wie man Allergiker besenftigt …

Senftube der Marke »tegut«

Der König aus dem Lande Meersalz war für seine Grobheiten weithin bekannt und gefürchtet ...

www.penny.de

Ein tolles Angebot, aber bitte beschweren Sie sich nicht, wenn Ihr Gratin beim Backen aus der Form läuft!

»Edeka«-Markt in Ramstein
(Rheinland-Pfalz)

Für alle, die mehr auf so süßen Kram stehen.
»Kaufland« in Chemnitz

Ein klassischer Zungenbrecher: Fischers Fritz fischt frisches russisches Brot.
»Rewe«-Markt in Hamburg-Berne

Keiner kann schunzeln wie dieser Osterhase. Man nehme ihn aber besser nicht in den Arm, sonst schilzt er!

»Edeka«-Markt in Papenburg (Niedersachsen)

Einfach tierisch

Dass Möwen Auto fahren und Rehe Fahrerflucht begehen, ist heutzutage keine Seltenheit mehr. Auch dass Affen Ausreiseanträge stellen und Kaninchen als Demonstranten eingesetzt werden, ist bereits vorgekommen. Viele Tiere können mehr, als man ihnen allgemein zutraut. Und der sprachliche Umgang mit ihnen ist nicht unbedingt einfach. Oft ist er einfach nur tierisch komisch.

Sobald das Tor aber offen ist, begrüßt er jeden Fremden mit fröhlichem Schwanzwedeln.

Kempten im Allgäu (Bayern)

Keine Angst, dieser Hund beißt nicht, er hat bloß ständig miese Laune.

Leoben (Österreich)

20.15 Expeditionen ins Tierreich D 09 (Wh.) 246-268
Das Emsland – Niedersachsens wilder Westen Im Emsland leben mehr Säugetierarten als irgendwo sonst in Deutschland. Der seltene Brachvogel (Foto) gehört dazu. **45 Min.**

Dass dieser Vogel ein Säugetier sein muss, verrät doch schon sein langer Saugrüssel.

Programmzeitschrift »TV 14«

20.15 Das ist spitze! 3-449-395
(D 15) Die große „Dalli Dalli"-Show – Heute wäre Hans Rosenthal 90 Jahre alt geworden. Ihm zu Ehren lässt Kai Pflaume erneut dessen Parade-Quizsendung aufleben. Neben prominenten Rachefüchsen wie Fürstin Gloria von Thurn und Taxis, den Schauspielern Anja Kling und Jürgen Vogel sowie Kunstturner Fabian Hambüchen gibt es ein Wiedersehen mit Rosenthals Assistentin Monika Sundermann.

Fürstin Gloria fühlte sich geehrt, als sie erfuhr, dass eine neue Fuchsart nach ihr benannt worden ist.

Programmzeitschrift »TV Movie«

Die Bilder der Woche

Allein unterwegs in Hössingen (Landkreis Uelzen) ist dieser tierische Zeitgenosse. Ein Jagdaufseher entdeckt den maximal zwei Jahre alten Wolf beim Treckerfahren - und knipst dieses Beweisfoto.

Und wo ist nun der Trecker?

ndr.de

IN KÜRZE

Tot aufgefundener Luchs war Schweizer

Freiburg (caf). Der im Juni 2013 im Südschwarzwald tot aufgefundene zwei- bis drei Jahre alte Luchs war vom Schweizer Kanton Jura über 100 Kilometer Luftlinie nach Baden-Württemberg gewandert. Dieses Ergebnis liefert eine Untersuchung Schweizer Luchsforscher, wie die Forstliche Versuchs- und Forschungsanstalt Baden-Württemberg gestern mitteilte. Durch Fo- Letztliche Gewissheit hatten die Beamten, als sie unter den Papieren des Toten einen Schweizer Pass entdeckten.

»Acher-Rench-Zeitung«
(Baden-Württemberg)

Musikbox nicht so nah ans Aquarium

Geräusche sind für Fische kein Problem. Im Extremfall raten sie aber in Panik.

Das bei Fischen überaus beliebte Ratespiel »Welcher Musiktitel ist das?« führt gelegentlich zu erhöhter Adrenalinausschüttung.

»Mitteldeutsche Zeitung« (Sachsen-Anhalt)

Möwe verursacht Verkehrsunfall

BONN. Eine Möwe verursachte gestern gegen 17.15 laut Autobahnpolizei einen Unfall auf der Nordbrücke. Als diese von der Mittelleitplanke plötzlich losfuhr, bremste ein 32-jähriger Autofahrer, der in Richtung Meckenheim fuhr. Ein hinter ihm fahrender 24-Jähriger trat zwar auch in die Eisen, konnte aber ebenso wenig einen Aufprall verhindern wie ein dritter ebenfalls 32-Jähriger Autofahrer. Bei dem Aufprall wurde der Beifahrer im ersten Fahrzeug schwer verletzt. Es bildeten sich kilometerlange Staus, weil zwei Fahrstreifen während der Unfallaufnahme gesperrt blieben. *ca*

Jungmöwe Jonathan hatte vor Kurzem erst den Führerschein gemacht und war in Papas Sportwagen unterwegs.

»Bonner General-Anzeiger«

Zwei Rehe verenden nach Zusammenstößen

EISLEBEN/MZ - Auf der Straße zwischen Eisleben und Polleben ist ein Fahrzeug am frühen Sonnabendmorgen mit einem Reh zusammengestoßen. Wie die Polizei mitteilte, verendete das Tier am Unfallort. Mit einem Rah stieß am frühen Sonntagmorgen auch ein Pkw zusammen, der auf der B 180 aus Rothenschirmbach in Richtung Eisleben unterwegs war. Auch dieses Tier verendete am Unfallort. Den Schaden der Unfälle bezifferte die Polizei mit 200 beziehungsweise 500 Euro.

Kollision mit Reh

GREIFENHAGEN/MZ - Zwischen Greifenhagen und Ritterode ist in der Nacht zu Dienstag ein Pkw mit einem Reh kollidiert. Das Tier verendete, am Auto entstand etwa 4 000 Euro Schaden. Sogar 6 000 Euro Schaden am Pkw sind entstanden, als dieser am Montagabend auf der B 86 bei Annarode mit einem Zeh zusammenstieß.

Gesucht wird: Tier mit drei Buchstaben, das oft für Verkehrsunfälle sorgt. Der letzte Buchstabe ist ein »h«.
»Mitteldeutsche Zeitung« (Sachsen-Anhalt)

WILDUNFALL II
Reh flüchtet nach Crash mit Pkw

KNAPENDORF/MZ - Dienstag gegen 20 Uhr war ein Pkw auf der Landesstraße in Richtung Bad Lauchstädt unterwegs, als es in Höhe Bushaltestelle Knapendorf zum Zusammenstoß mit einem Reh kam. Am Fahrzeug entstand Sachschaden. Das Reh flüchtete, so die Polizei.

In den vergangenen Jahren registrierte die Polizei in Sachsen-Anhalt eine alarmierende Zunahme der Fahrerflucht bei Rehen.
»Mitteldeutsche Zeitung« (Sachsen-Anhalt)

Stubentiger im Doppelpack

MAINZ (kis). Was Shaggy und Sushi wohl in ihrem bisherigen Leben widerfahren ist? Niemand weiß es – die beiden wurden als Fundtiere im Mainzer Tierheim abgegeben und suchen nun ein schönes Zuhause mit Freitag. Vor allem anfangs sind die beiden hübschen Kätzchen noch etwas scheu – sie ha-

Der Anruf Robinson Crusoes ließ zum Glück nicht lange auf sich warten.

»Allgemeine Zeitung« Mainz

Schweinischer Ärger

Wildschwein-Ärger ohne Ende: Die Borstentiere dringen zurzeit vermehrt ins Aukammtal vor, wo sie Spaziergänger erschrecken und die Gärten der Kleingärtner umpflügen. ==Das Abschießen der Jäger hilft nicht wirklich.== ▸ Seite 3

Im Kleingärtner-Verein hatte man sich vom Erschießen der Jäger eine abschreckende Wirkung auf die Wildschweine erhofft, aber dem war offenbar nicht so.

»Wiesbadener Kurier«

Kaninchen und Meerschweinchen kommen nicht in Frage, die haben neun Öffnungen. Vielleicht sind irgendwelche Reptilien oder Schalentiere gemeint?

Aus den »Ebay Kleinanzeigen«

Gelegentlich kommt es vor, dass sich junge Männer aus Hessen in ihrer Aufregung auf ein Forum für Tierfreunde verirren.

www.nagerforum.digiwurm.de

tiere von Züchtern aus dem gesamten Kreisgebiet zum Verkauf angeboten – und es gibt auch eine große Auswahl an Zwergkaninchen, die ja beispielsweise als Haustür für Wohnungen durchaus geeignet sind. Außerdem gibt's Gesprächsmöglichkeiten mit Züchtern. Für die „Großen"

Seit dem erfolgreichen Einsatz von Zwergkaninchen im Wohnungsbau wird geprüft, ob Papageien als Gegensprechanlage und Hamster als Türstopper geeignet sind.

»Sächsische Zeitung«

Einige Tierarten sind extrem empfindlich und brauchen spezielles Futter. Dazu zählen auch die Spaghetti, langstielige Exemplare aus der Familie der Teiggliedrigen.

Wildpark in Köln

Nach langwierigen Verhandlungen hatten die Kaninchen durchgesetzt, dass sie fürs Rasenmähen bezahlt wurden. Da hatte sich das Demo(n)strieren gelohnt. Was das mit der Ernährung der Vögel zu tun haben soll, das weiß der Geier.

Naturwildpark Freisen (Saarland)

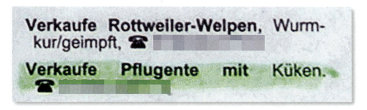

Das Küken kann es kaum erwarten, wie seine Mutter durch die Lüfte zu pflügen. (Dazu muss es natürlich erst einmal pflügge werden ...)

»Wochenkurier« Finsterwalde (Brandenburg)

Im Ausfüllen von Ausreiseanträgen hatte der Berberaffe irgendwann so viel Routine, dass ihn die anderen Tiere respektvoll »Mr. Visum« nannten.

Tierpark Gera (Thüringen)

Viele Zuschauer waren enttäuscht, als sie anstelle der erwarteten Löwen und Tiger nur dressierte Raupen zu sehen bekamen. Dabei hätten sie bloß genauer aufs Plakat schauen müssen.

Plakat eines deutschen Zirkusunternehmens

Tarnung ist alles, sagten sich die Hennen nach ihrer erfolgreichen Flucht von Oma Friedas Hühnerfarm.

Wiesbaden

Professjonelle Nachhillfe in Deutsch und Matte

Wie beim Glas, das man als halb voll oder halb leer betrachten kann, ist auch die Schulzeit eine Frage der Ansicht: Für die einen besteht sie hauptsächlich aus Lehre, für die anderen aus Leere. Um Letztere zu füllen, steht uns ein reiches Angebot an Nachhillfekursen zur Verfügung, das man allerdings sorgfältig prüfen sollte. Hat man die Schule erfolgreich hinter sich gelassen, wartet das Hochstuhlstudium. Danach stehen dem universal Gebilldeten alle Türen offen.

Heute wird weniger über Briefe kommuniziert: Ein Angestellter der Post lehrt in Zürich einen Briefkasten.

Dank des Privatunterrichts, den sich immer mehr Briefkästen in der Schweiz leisten, beherrschen viele von ihnen inzwischen mehrere Sprachen und können sich bei Briefeinwerfern in deren jeweiliger Landessprache bedanken.

»Berner Zeitung«-App

An dieser Schule genießen Briefkastenleerer besondere Parkrechte. Die Lehrer müssen dafür woanders parken.

Katholische Hauptschule Grevenbroich (Nordrhein-Westfalen)

Wie gut, dass unten rechts »Hilfe« eingeblendet ist, denn die wird angesichts der orthografischen Miss-Bildung dringend benötigt.

Sendung auf »Phoenix«

Inzwischen gilt die Lese-Rechtschreib-Schwäche als anerkannte Wissenschaft.

Anzeige im »Darmstädter Echo«

Soll Ihr Kind auf's Gymnasion
oder Realschule? Äußerst erfahrene Lehrerin bietet Nachhilfe in Math. + Deu. ab Kl. 3, auch zuhause. 15,– € / Std.

Die Einführung einer Knabensportschule im griechisch-antiken Stil rief Lehrkräfte mit äußersten Erfahrungen auf den Plan.

Kleinanzeige im »Badischen Tageblatt«

»Biete« oder »Suche«, das ist hier die Frage. (Dass »Matte« nichts mit Mathematik zu tun hat, beweist die Preisgestaltung.)

Kundenaushang in einem Supermarkt in Wilhelmshaven (Niedersachsen)

Wir suchen für die Mitarbeiter in unserem Team in der Kita Löwenzahn, Ev. Kirchengemeinde Lobberich-Hinsbeck, eine **ausgebildete Erzieherin** als Vertretungskraft in Krankheitsfällen.

Irgendjemand muss den Mitarbeitern schließlich zeigen, wie man sich benimmt. Was sollen sonst die Kinder denken?

Anzeige im Wochenblatt »Grenzland-Nachrichten« (Nordrhein Westfalen)

Im Pausenraum der katholischen Märchenrealschule St. Klara steht jetzt ein Trinkwasserbrunnen.

Und in diesem Brunnen lebt selbstverständlich ein verzauberter Frosch, der darauf wartet, geküsst zu werden.

»Schwäbisches Tagblatt« Tübingens (Baden-Württemberg)

> Bitte während den Pausen den essenden Schülern vorranging Platz im Lounge Bereich machen.

Vor den Genitiv der Pausen und die vorrangige Rechtschreibung im Lounge-Bereich haben die Götter den Hunger gesetzt.
Aushang in der Internationalen Deutschen Schule in Brüssel

> Gib 2 Esslöffel Butter und 4 Esslöffel Zucker in einen Topf.
> Erwärme das Gemisch unter Rühren vorsichtig, bis alles gut geschmolzen ist.
> Fülle die Flüssigkeit in eine Form, die du mit Folie ausgelegt hast.
> Lasse die Masse erstarren und bringe sie nach vorne.
> Dort kannst du sie ==mit frisch gewachsenen Händen== in kleinere Portionen schneiden und in der Pause draußen probieren!
>
> Notiere genau deine Beobachtungen!

Heilungsformel für Zauberlehrlinge, denen im Kampf gegen finstere Mächte eine Hand abgerissen wurde.
Chemie-Arbeitsblatt eines Kölner Gymnasiums

Lernüberprüfung Vokabeln der Unidad	**Niveastufe**
Du kannst einige Vokabeln der Lektion auf Abfrage richtig wiedergeben	A

Dieser Vokabeltest entstand mit freundlicher Unterstützung der Beiersdorf AG.

Leistungsbewertung eines Spanischtests an einem Bremer Gymnasium

Am Ende waren die Kursteilnehmer immerhin in der Lage, einen Alfa Romeo von einem Opel Omega zu unterscheiden.

Kursangebot der Volkshochschule Dachau (Bayern)

Bisher konnte niemand erklären, warum so viele Politikwissenschaftler korrupt sind. Dieses Seminar könnte neue Erkenntnisse liefern.

Aus dem Vorlesungsverzeichnis des Otto-Suhr-Instituts der FU Berlin

Wer sein Studium nur auf einem Klappstuhl abgesessen hat, kommt für diese Stelle leider nicht in Frage.

Anzeige der FU Berlin auf www.jobvector.de

Problembehandlung aufgrund eines Problems nicht möglich

Des Menschen bester Freund ist nicht mehr der Hund, sondern der Computer. Das Vertrackte an dieser Freundschaft ist nur, dass der Mensch seinen Freund so oft nicht versteht. Was möglicherweise daran liegt, dass unser Sprachstandard heute von Informatikern und Web-Designern festgelegt wird, deren Muttersprache Pascal oder Java ist. Missverständnisse sind deshalb genauso programmiert wie andere Systemfehler. Doch davon lassen wir uns nicht beirren; denn wir haben gelernt, dass in der PC-Welt jedem Absturz ein Neustart folgt.

Seit mehr als einem Vierteljahrhundert kämpft das Würmtal gegen seine PC-Probleme – und noch immer ist keine Lösung in Sicht.

Anzeigenblatt »Informationsdienst« Gräfelfing (Bayern)

Wer auch immer »sie« sind, die den Pc-Doc rufen sollen: Hier geht es um Wichtigeres als um Rechtschreibung. Zum Beispiel um die Bekämpfung von Dreien – nein: Vieren. Und um die Installation von »Windows neu«. Und überhaupt um die häufigsten Computer.

Laternenmast in Karlsruhe

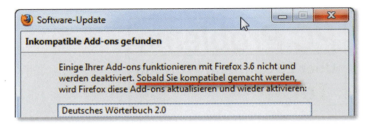

Meistens liegt das Problem nicht am System, sondern am Menschen, der einfach noch nicht kompatibel genug ist.

Firefox-Meldung

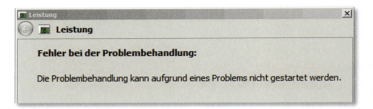

Das entspricht dem menschlichen Dilemma, nicht zum Arzt gehen zu können, weil man krank ist.

Meldung eines Windows-Dienstprogramms

Freundliche Hinweise dürfen gern verlängert werden. Und dass ein Computerprodukt endlich automatisch wird, ist doch ein großer Fortschritt. Nie wieder kurbeln!

Aus einer E-Mail des Software-Anbieters ZoneAlarm.de

Datensicherungssoftware »Dell Backup and Recovery«

Nicht jedes Update bringt wirklich eine Verbesserung ...

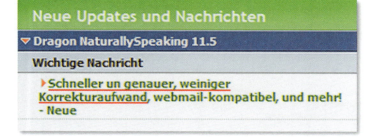

Spracherkennungssoftware »Dragon NaturallySpeaking«

> **!** Ihre Suche nach nichts ergab nichts. Meinten Sie vielleicht nichts?

Suchmaschinen sind wie das Orakel von Delphi. Mitunter liefern sie eine selbsterfüllende Prophezeiung.

Suchergebnis der Website der Öffentlichen Bücherhalle Hamburg

---

MEINVERZEICHNIS English Registrieren Hilfe Handy Blog
Frohe Ernte

Wartungsarbeiten
Liebe Spieler: Heute werden wir das Spiel „Frohe Ernte" aktualisieren.
Die Wartungsarbeit dauert voraussichtlich 2 Studenten (von 3 bis 5 Uhr).
In diesen 2 Stunden wird das Spiel den Usern nicht zur Verfügung stehen.
Wir bitten ums Verständnis.

Dass bei der Programmierung von Spielen regelmäßig Studenten verschlissen werden, ist ein offenes Geheimnis.

www.meinvz.net

Falls sie schon ein Login besitzen können sie sich auch einlochen. Falls Sie ihr Kennwort vergessen haben verwenden sie bitte die Funktion Kennwort wiederherstellen.

Ihre Informationen   * Pflichtfelder
Persönliche Informationen

Benutzername *   E-Mail *

Offenbar von einer Internetseite für Golfspieler …

www.rejanerosenberger.com

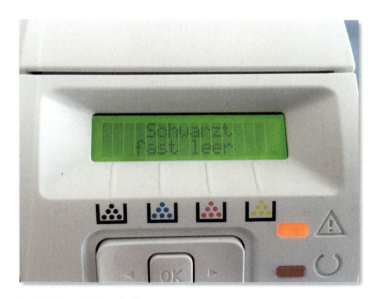

Weißt Bescheid, oder?
Anzeige eines Farblaserdruckers der Marke HP

Für Cyan kam jede Hilfe zu spät. Zur Trauerfeier erschienen Magenta und Yellow in Schwarz.
Anzeige eines Farblaserdruckers der Marke DELL

Nachrichten aus Deutschland und aller Welt

Solche Meldungen geben Anlass zu Besorgnis: Die Protestanten in Hamburg greifen zu roher Gewalt, Berlin schafft das Abitur ab, und immer mehr Flüchtlinge kommen über die Balkon-Route. Doch es gibt auch gute Nachrichten: Prinz William ist bereits Urgroßvater, Niedersachsen erlaubt die Eheschließung daheim und Österreich ist wieder deutsch.

Niedersachsen macht sich für Home-Ehe stark
Landesregierung in Hannover will schon kommende Woche ersten Beschluss fällen

Die Standesbeamten in Niedersachsen stellen sich bereits auf zahlreiche Hausbesuche ein.

Wochenendzeitung »Mein Samstag. Nachrichten für Ostwestfalen-Lippe« (Nordrhein-Westfalen)

HOCHBEGABTE SCHÜLER
Berlin schafft Abitur nach elf Jahren ab

Bildungssenator Jürgen Zöllner macht Schluss mit dem Gymnasium im Schnelldurchgang für Hochbegabte. Als Grund nennt er mangelnde Nachfrage. mehr »

○━ Bildung: Viele Schultage enden erst um 18 Uhr
○━ Bildungspolitik: Berlins Gymnasien droht ein Desaster
○━ Nach der Reform: Berliner Sitzenbleiber müssen Schule verlassen

Elf Jahre lang hatte man's versucht, jetzt steht fest: Abitur ist nüscht für den Berliner.

berliner-morgenpost.de

> ## Polizei setzt Wasserwerfer ein – Steine und Flaschen fliegen
>
> Polizei stoppte den Demo-Zug zwei Mal und verkürzte die Route. Demo nach Wasserwerfer-Einsatz beendet. ==Protestanten warfen Gegenstände== und zündeten Böller sowie Bengalische Feuer. Es kam zu Festnahmen. Lampedusa-Unterstützer demonstrierten in ehemaliger Schule.

Die Katholiken gingen in Deckung und riefen Maria um Hilfe an.

abendblatt.de (Hamburg)

Oberbürgermeisterin Jutta Fischer brauchte beim Fassbieranstich Schläge, dann schoss der Gerstensaft in die Gläser.

In Eisleben wurde erstmals eine Form der Politikermotivation erprobt, die das alte Motto »Und bist du nicht willig, so brauch ich Gewalt« neu belebt.

»Mitteldeutsche Zeitung«

Im Handstreich wurde Österreich von RTL besetzt und für deutsch erklärt.

RTL-Sendung »Punkt 12«

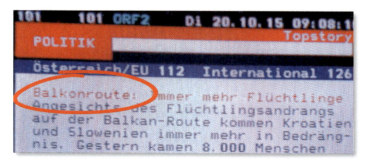

Nach dieser Meldung waren Sicherheitsschlösser für Balkontüren gefragt wie nie zuvor.

ORF-2-Videotext

Kate und William, Monarchenpaar, reisen zum zweiten Mal seit ihrer Hochzeit 2011 am Samstag nach Kanada. Besondere Aufmerksamkeit dürfte dieses Mal <mark>ihren Urenkeln</mark>, Prinz George und Prinzessin Charlotte, zukommen. Für Charlotte (1) ist es der erste große Auslandsbesuch.

Die Queen ist demzufolge bereits Ur-Ur-Urgroßmutter.

»Ostthüringer Zeitung«

🜲 3. Gesundheit

Genau wie William war Kate nie ernsthaft krank. Aber: Kate ist allergisch gegen Pferdehaar. Sie reitet deshalb nicht. Doch sie begleitet William zu seinen <u>Popo-Spielen</u>.

Dagegen waren die Skandale von Charles und Diana doch geradezu harmlos.

»die aktuelle«

LIZ HURLEY verkauft ihr Landgut in Gloucestershire. Auf diesem Anwesen wurde die schöne Britin zur Mutter, Ehefrau und Geschäftspartnerin von Prinz Charles

Es heißt zwar, mit den eigenen Kindern oder Ehepartnern solle man keine Geschäfte machen. Bei Liz Hurley, der Mutter und zugleich Ehefrau des englischen Thronfolgers, scheint es aber gut funktioniert zu haben.
»Frau im Spiegel«

11:34 | MORDVERDACHT
Trucker überfährt Mann nach Streit mit seinem Lkw
In Italien hat sich ein Mann nach einem Streit vor einen Laster gelegt, um diesen am Wegfahren zu hindern. Der Fahrer fuhr trotzdem los.

Der Streit mit seinem Lkw muss den Lastwagenfahrer derart aufgewühlt haben, dass er nicht mehr auf die Straße achtete.
welt.de

Sturm Ingo fegt über Deutschland – Orkantief wütet mit 194 km/h
Heftige Schäden: Polizeiwagen kracht in Leitplanke, entwurzelte Bäume und überflutete Straßen. mehr

Offenbar hat das Polizeiauto, nachdem es in die Leitplanke gekracht war, noch einen halben Wald und einen Staudamm mit sich gerissen.
t-online.de

Dem Arzt ist mit der Befruchtung offenbar ein wahres Kunstwerk gelungen …

bild.de

Womit mal wieder bestätigt wäre, dass es nichts gibt, was man mit Geld nicht kaufen könnte.

»OK«

> Entsprechend versuchten Eltern, ihre Kinder vor den Gefahren des Alltags zu schützen und mit technischen Hilfsmitteln Unfälle zu verhindern. So seien 94 Prozent der Ansicht, Steckdosen müssen gesichert sein. Mit 93 Prozent sind fast genauso viele Eltern der Auffassung, Kinder müssten einen Helm auf dem Lauf- oder Fahrrad tragen. ==Drei Viertel aller Eltern finden es richtig, Schubladen mit Messern zu sichern.==

Vor allem natürlich Schubladen, in denen Süßigkeiten oder Geschenke versteckt sind. Wenn die Kinder glauben, heimlich drangehen zu können, haben sie sich gründlich geschnitten.

»Badische Neueste Nachrichten« (Baden-Württemberg)

> Golf
> ### Auch Day nicht in Rio
> Wenige Tage nach Rory McIlroy hat auch der Weltranglisten-Erste Jason Day wegen einer möglichen Ansteckung mit dem ==Zicken-Virus== seinen Verzicht auf Olympia in Rio bekannt gegeben. *(SDA)*

Bei einer gewissen Anzahl Frauen hatte man dieses Virus schon immer vermutet. Jetzt sind offenbar auch Männer nicht mehr sicher.

»Tagesanzeiger« (Schweiz)

> wer mitradelte, hatte seinen Spaß. „Ein paar ordentliche Handschuhe, ==lange Unterhoden,== eine gute Mütze und das passt schon", sagt der 47-jährige Leo. Seit dem vergangenen Sommer ist er bei den Kieler ==„critical mass"-Ausflügen== dabei, wann immer es geht.

Hier stellt sich natürlich die Frage, ab welcher Hodenlänge die »critical mass« wohl überschritten ist?

»Kieler Nachrichten«

Paletten im Brustbereich

Suchen Sie vielleicht zufällig ein Air Gometer? Mögen Sie Möbel im kulinarischen Stil und können Sie etwas mit einer Pressitionswaage anfangen? Wenn Sie glauben, das alles kann's doch gar nicht geben, dann lassen Sie sich hier eines Besseren belehren. Nirgendwo ist unsere Sprache so einfallsreich wie im Kleinanzeigenbereich.

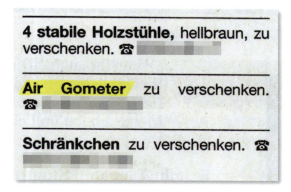

Immer wenn Herr Bruno einen Wutanfall bekam, konnte er mit Hilfe dieses Messgerätes feststellen, wie hoch er dabei in die Luft ging.

Aus der »Gescherer Zeitung« (Nordrhein-Westfalen)

Zu ihrer eigenen Sicherheit werden ältere Menschen im Auto gern auf Kindersitzen angeschnallt.

Aus dem »Mannheimer Morgen«

Dennoch gilt: Die Waage bitte nicht pressen, sondern vorsichtig behandeln, sonst ist es mit der Präzision bald vorbei.

Kundenaushang in einem Supermarkt in Dresden

Brautmoden

Brautkleid von Lilly Brautmoden 2014
Größe M, cremefarben, Paletten im Brustbereich. 390€VB Bei Interesse einfach melden unter: 0561 ▇▇▇▇▇, E-Mail: ▇▇▇▇▇@outlook.de

Nur etwas für die stabil gebaute Braut, die ordentlich Holz vor der Hütte tragen kann.

Aus der »HNA« Fritzlar-Homberg (Hessen)

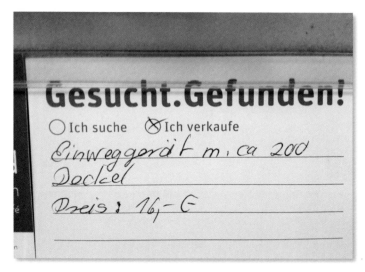

Das Verfahren des Einkochens wird kaum noch praktiziert. Kein Wunder, wenn auch der Name des Patentinhabers Johann Carl Weck den Weg alles Irdischen geht.

Kundenanzeige in einem »Rewe«-Markt in Berlin-Pankow

Pärrchen Freddchen
zu verkaufen, kastriert. VHB

Vermutlich heißen die beiden putzigen Marder Perry und Freddy. Fragen Sie mich aber nicht, wie ich darauf komme.

Aus dem »Wochenblatt« Lörrach (Baden-Württemberg)

Skelett zu verkaufen

Hallo, wie auf den Bildern zu sehen verkaufe ich mein Skelett. Es ist einwandfrei erhalten und...

Nach und nach hatte Dietmar alle seine Organe zu Geld gemacht. Nun blieb ihm nur noch eine letzte Sache.
Aus den »Ebay Kleinanzeigen«

Schönes Sofa in kulinarischen Stil zu verkaufen !!

Verkaufe ein Sofa im kulinarischen Stil , sehr guter Zustand , stand nur 2 monate in unserem...

Ein gut erhaltenes Stilmöbel im sogenannten Verzehr-Stil.
Aus den »Ebay Kleinanzeigen«

Mitstreiter der Aktion »Mütter, wehrt euch!« sind im Straßenbild leicht an ihren blau schillernden Oberteilen zu erkennen.

Aus den »Ebay Kleinanzeigen«

Stundenlang lag der Wandteppich auf der Lauer, doch am Ende waren ihm sämtliche Hirsche durch die Lappen gegangen.

»Ebay«-Auktion

Genau das richtige Akzesswar für beruflichen Sackzess.

»Ebay«-Auktion

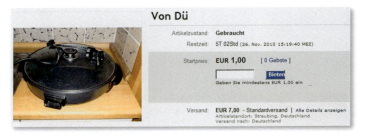

Ach, Sie kennen Dü noch nicht? Von dem können Sie hier einiges ersteigern! Sein Vorname lautet übrigens Per.

»Ebay«-Auktion

Liebe Kinder, lasst euch mit dem Großwerden Zeit. Wenn ihr zu schnell wachst, müssen eure Eltern euch verkaufen. Dann nützt euch auch euer Originalkarton nichts mehr.

Aus den »Ebay Kleinanzeigen«

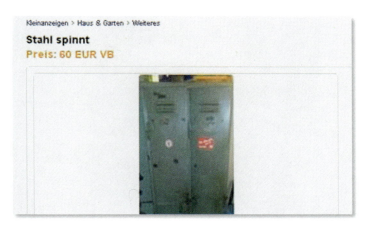

Okay, der Stahl spinnt vielleicht ein wenig, aber dafür ist er wenigstens nicht so verklemmt.

Aus den »Ebay Kleinanzeigen«

Nicht ohne meinen Anwalt

So manche Anweisung versteht man nicht auf den ersten Blick. Einige versteht man auch nach dem zweiten oder dritten nicht. Und manche versteht man komplett falsch. Darum ist es immer besser, sich beraten zu lassen. Im Zweifelsfall gilt: Zu Nebendeutungen und Missverständnissen fragen Sie Ihren Rechtsanwalt oder Notar.

Der Direktor des Amtsgerichts hatte es trefflich verstanden, den Text des Schildes so zu formulieren, dass niemand außer ihm selbst es je wagen würde, hier zu parken.

Bad Kissingen (Bayern)

Mindestens zwei Fragen bleiben offen. Erstens, wer hier wem was nicht tut, und zweitens, wer für den eigentümlichen Gebrauch der Sprache haftbar zu machen ist.

Mittenwald (Bayern)

> # Wichtiger Hinweis
>
> Das Schwimmbad muss leider wegen eines Leitungswasserschadens bis auf Weiteres geschlossen bleiben.
>
> Da kein Wasser im Schwimmbecken ist und <u>nicht gewährleistet werden kann, dass Personen in das Becken stürzen</u>, ist auch der Saunabereich geschlossen.
>
> Wir bitten um Entschuldigung und danken für Ihr Verständnis.

Beckenrandschubser Uwe, der sonst für Stürze ins Wasser garantierte, war für die Dauer der Reparaturarbeiten beurlaubt.

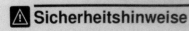
Schwimmbad in Cuxhaven (Niedersachsen)

> ## ⚠ Sicherheitshinweise
>
> Kinder ab 8 Jahren oder Personen, die aufgrund ihrer Physis, Sensorik oder geistigen Fähigkeit oder ihrer Unerfahrenheit oder Unkenntnis nicht in der Lage sind, das Gerät sicher zu bedienen, dürfen dieses Gerät nicht ohne Aufsicht oder Anweisung durch eine verantwortliche Person benutzen.

Leonie konnte ihren achten Geburtstag kaum erwarten: Nie wieder würde sie die Geschirrspülmaschine allein ausräumen müssen!

Bedienungsanleitung einer Bosch-Geschirrspülmaschine

Rollstuhlfahrer Galonke und sein rücksichtsloser Nachbar Ragentien nahmen die Vorschrift sehr ernst und wechselten sich beim Parken regelmäßig ab.

Parkplatz in Berlin

Der Appell an die Vernunft lässt manch einen radlos zurück.

Friedrichshafen am Bodensee (Baden-Württemberg)

Wiederhandlung, die: Handlung, bei der man etwas wieder und immer wieder tut (wie etwa Trinken auf dem Gelände des »Netto«-Marktes); nicht zu verwechseln mit der → Wiederholung und der → Zuwiderhandlung.

»Netto«-Markt in Magdeburg

Steuerberaterin Schmantokowsy schmeckte die nichtselbstständige Tätigkeit kurz ab und befand, es dürfe ruhig noch etwas mehr Rahm sein.

Eberswalde (Brandenburg)

Um dem lästigen Schnorren im Bundestag Einhalt zu gebieten, hatte die Regierung ein deutliches Signal gesetzt: Von uns wird nichts mehr geraucht! Besorgt euch eure Kippen gefälligst woanders!

Cafeteria des Handelshofs in St. Wendel (Saarland)

Als der Wirt ihm ein Bier rüberschob, fühlte sich Hubert schlagartig von seinem Minderwertigkeitskomplex befreit.

Abensberg (Bayern)

Zusätzlich hatte der Bürgermeister einen Gedankenleser eingestellt, der im Gebüsch hockte und jeden Nachdenklichen genau ins Visier nahm.
Klein Nordende (Schleswig-Holstein)

Bis heute konnte nicht geklärt werden, wer die Nichtbürger entnommen hatte und was mit ihnen danach passiert war.
Eisenheim (Bayern)

Und also steht geschrieben ...

Wie halten Sie es mit der Religion? Ob evangelisch, katholisch oder ökonomisch – es gibt viele Wege, sich mit Glauben und Gott auseinanderzusetzen. Und die Kirchen werden immer toleranter, wenn nicht sogar immer toller. Wenn Sie Marias Himmelfahrt um 9:30 Uhr verpasst haben, kommen Sie in einer Stunde wieder. Oder machen Sie mit TUI Ihre eigene Himmelfahrt. Helfen Sie, die Meinung des Papstes kundzutun, und bekräftigen Sie Ihren Glauben mit einem dreifachen »Ey, Mann!«.

```
P 306  306   3satText   26.3.2016
     Programm
     Samstag, 26. März

06:00 - 06:30 Uhr
Jaffa - die älteste Stadt
am Mittelmeer UT

Jaffa ist die älteste Stadt am Mittel-
meer. Der Legende nach hat Yephet, der
Sohn Noahs,die Stadt gegründet. Hier
bestieg Jona ein Schiff, um Gott zu
entkommen - und landete im Wahlbauch.

Der Film zeigt das alte und das neue
Jaffa: historische Bauten, sakrale
Stätten, aber auch, wie Juden, Christen
und Muslime heute in Jaffa zusammenleben.
```

Was die Bibel bislang verschwieg: Prophet Jona hatte die Wahl. Es musste also gar kein Tierschlund gewesen sein, wie immer behauptet wird. Möglicherweise war der Bauch seiner Wahl einfach ein Schiffsbauch.

3sat-Videotext

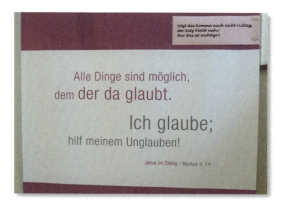

Wir unterbrechen Jesus nur ungern im Dialog, aber die Anmerkung oben rechts konnten wir uns nicht verkneifen: »Sitzt das Komma auch nicht richtig, der Satz bleibt wahr. Nur das ist wichtig!«

Evangelische Landeskirche Baden-Württemberg

Und erhebet die Füße behutsam, denn die Wege des Herrn werden nicht gestreut.

Sebalduskirche Nürnberg

Denen, die festen Glaubens sind, wird nichts geschehen. Zweiflern wird empfohlen, woanders zu parken.

Christian-Science-Kirche Nürnberg

Das sage noch mal einer, das Christentum sei nicht anpassungsfähig.

Plakat in Grävenwiesbach (Hessen)

Die TUI hat ihr Programm um ein attraktives Ziel erweitert.

Werbetafel in Aurich (Niedersachsen)

Bei dieser Brücke an der Donau fährt Maria genau nach Fahrplan viermal täglich gen Himmel.

Deggendorf (Bayern)

Rom/Mainz/Bad König: Papst Franziskus lädt ein, zur Vorbereitung einer außerordentlichen Bischofssynode, seine Meinung zu den Fragen Partnerschaft, Ehe und Familie kund zu tun. Dafür ist eine weltweite Umfrage vorbereitet worden. Der ausführliche Fragebogen, den normalerweise nur die Bischöfe beantworten, soll für dieses Bischofstreffen nun auch von möglichst vielen Menschen beantwortet werden. Bischof

Die katholische Kirche wird immer weltoffener: Nun dürfen sogar schon andere Menschen die Meinung des Papstes kundtun.

»Bad Königer Stadtnachrichten« (Hessen)

KATHOLISCHE KIRCHE
Kardinal Lehmann offen für verheiratete Priester

MAINZ :: Der katholische Mainzer Bischof Karl Lehmann glaubt, dass auch

Die Mainzer gönnten es ihrem Kardinal bestimmt von Herzen, dass er mit einem verheirateten Priester glücklich wird. Zur Not auch mit mehreren ... da will man nicht kleinlich sein.
»Hamburger Abendblatt«

Mit Halleluja hinein ins „göt
Feuerwerk grandioser Stimmen der USA Gospel Singers

Von

Traunreut. „Ey man!", oder „Hallelujah!", so erklärten die Original USA Gospel Singers, am besten in lautem Ausruf, sei die erwünschte Gefallensbekundung, die man sich seitens des Publikums erwartet. Liebend gerne auch sehr laut und spontan ins Gospellied hinein geschrien. Das sollte das Stimmungsbarometer heben, die Sänger anfeuern und ein gemeinschaftlich aktives Gospel-Erlebnis garantieren. Das tat es auch – und wie!

Die Gospel-Singers verstanden es offenbar, sich deutschen Gewohnheiten anzupassen, indem sie das Publikum zwischen »Hallelujah«, »Amen« und einem dritten, eher kumpelhaften Ausruf wählen ließen.
»Trostberger Tagblatt« (Bayern)

Mit verbesserter Formulierung

Dass man Fremdwörter verwechselt und statt zum »Silvesterpunsch« zum »Silvesterputsch« einlädt, kann schon mal passieren. Auch dass eine Zeitung von »Amnesie« schreibt, wenn es um eine »Amnestie« geht, kommt immer wieder mal vor. In der Menge der Fremdwörter fällt es schließlich nicht jedem leicht, Statiker und Statistiker auseinanderzuhalten oder Shanty und Chianti. Doch wie heißt es so schön: Der Zweck heiligt die Mittel, egal ob er nun »karikativ« oder »karitativ« ist. Wenn Ihnen das zu extravakant ist, dann schreiben Sie das in Ihrer nächsten Rezession.

Die Industrie hat erkannt, dass es nicht genügt, ständig die Formel eines Produkts zu verbessern. Auch an den Formulierungen muss man arbeiten.

Deodorant der Marke »Rexona«

> ## Notfall-Chirurgen operieren unentwegt
>
> **Greifswald.** Knochenbrüche ohne Ende – das ist das Fazit des Leitenden Oberarztes der Unfallchirurgie, Dr. ▇▇▇ ▇▇▇. Allein in der ersten Februarwoche wurden 51 ==Frak-tionen== behandelt, davon am Wochenende 19. Gestern wurden von 7 bis 13 Uhr erneut zehn Patienten mit Brüchen behandelt.

Dass so viele Parteien im Greifswalder Stadtrat vertreten sind, ist erstaunlich, erklärt aber auch, wieso es unter den Politikern zu so heftigen Schlagabtauschen mit Knochenbrüchen kommt.

»Ostsee-Zeitung«

> Um herauszufinden, worauf die bei Frauen häufiger auftretenden Motivationshindernisse zurückzuführen sind, führt die Forschungsgruppe derzeit eine Interviewstudie ==mit hockkarierten Führungsfrauen== durch.
> Die Ergebnisse sollen als wichtige Ergänzungen für die frauenspezifische Karriereberatung dienen, so dass Frauen ihre Potenziale stärker entfalten können.

Gegen solche Frauen haben quergestreifte Männer keine Chance.

Aus einer Pressemeldung der Bundeswehr-Universität Hamburg

Bei so viel Licht empfiehlt sich das Tragen einer Schutzbrille.

Aufgrund des großen Erfolges beschloss das Noro-Virus, sein Gastspiel um ein paar Wochen zu verlängern.
»Elmshorner Nachrichten«

113

> Vor und nach der Festansprache durch Bürgermeister ▓▓▓ ▓ ▓▓▓ wurden die Gäste durch den ==Chianti Chor== musikalisch unterhalten. Zum Abschluss hatten die Gäste bei einem kleinen Buffet und Umtrunk die Gelegenheit,

Nach dem dritten Glas Rotwein hatte der Lokalredakteur vergessen, dass er sich nichts aus Shantys machte.

»Mitteilungsblatt für die Gemeinde Much« (Nordrhein-Westfalen)

> Die Nordküste Perus bietet viel Ruhe, immer noch viele Pelikane und ==große Wellen für Server== sowie breite Sandstrände. Im jetzigen Peru-Winter liegen die Tagestemperaturen bei 30 Grad, in der Nacht kühlt es sich auf 24 Grad ab.
>
> Der Machu Picchu liegt etwas südlich der Landesmitte Perus, zwischen den schneebedeckten Gipfeln der Anden und der Pazifikküste.

Wenn im Büro nichts mehr geht, weil der Server sich verabschiedet hat, dann ist er möglicherweise auf dem Weg nach Peru.

»Thüringer Allgemeine«

Gouda Mittelalt
Holl. Schn ttkäse
48% Fett i.Tr.

Zutaten: Pastorisierte
Kuhmilch,Labferment,
Salz,Lactose,Conservierungsmittel
E160B,E:51

Noch immer lassen einige Bauern ihre Kuhmilch lieber segnen statt erhitzen.

Käseverpackung aus einem Berliner Supermarkt

Zwischen sich an die Spitze katapultieren und sich geschlagen geben müssen liegt oft nur ein kleiner Schritt.

RTL-Videotext

Harry hatte das Regal für den Verkauf extra leer geräumt. Nichts anderes behauptete er in seiner Anzeige. Schließlich wollte er nicht übertreiben.

Extravagante »Ebay«-Kleinanzeige

Irgendwo zwischen Tätärätä und Tatütata ging das romantische Tête-à-tête verloren.

»Ebay«-Kleinanzeigen

Sensationeller Versuch, den gewöhnlichen Räumungsverkauf zu einem dadaistischen Kunsterlebnis werden zu lassen.
Basel (Schweiz)

Für Gäste ohne Reservierung bietet dieses Restaurant eine attraktive Alternative.
Ottobrunn (Bayern)

> Das Paradies im Garten
> Es erwartet Sie ein Fertighaus mit einem aus Beton gegossenen Keller und einer Deckenhöhe von 2,20m. (Ausbaufähig zur Sutter Rang Wohnung). Wer sich nicht scheut, Die Restaurierungen am Objekt durchzuführen, Kann ein Energetisch modernes zeitgemäßes Zuhause schaffen.

Benannt nach Konrad Sutter, dem Erfinder der Wohnung im unteren Rang, auf Französisch auch Souterrain genannt.

Anzeige auf immowelt.de

Diese Frage bietet einen willkommenen Anlass für eine Hommage an die Ratgeberplattform wer-weiss-was.de.

Seniorenresistens Söchau

Jähliche Weihnachtsaustellung

mit musikalischer Unterstüzung in der Stmk.

In Söchau in der Steiermark leisten die Senioren immer noch erbitterten Widerstand, wie diese plötzliche Weihnachtsausstellung dokumentiert.

www.traumklangduo.at

Frostige Weihnachten

Gerade erst verkündete uns die GfK, dass das Konsumklima erstmals seit Monaten wieder freundlicher sei, da kündigt **Deloitte & Touche** "frostige Weihnachten" an. Eine europaweite Umfrage bei knapp 5.000 Verbrauchern weise darauf hin, dass seit 1998 die Ausgaben zum Fest erstmals zurückgehen könnten. Deutsche fürchten laut der Studie zu 42 Prozent eine Rezension und wollen durchschnittlich rund 567 Euro ausgeben - 139 Euro weniger als im Vorjahr.

Einst war sie nur bei Schriftstellern gefürchtet – heute fürchtet fast die Hälfte der Deutschen sie: die Buchbesprechung.

www.mediaundmarketing.de

Achtung!!
Ticketlaser defekt.
Bitte Eingang Sparkasse benutzen!

So ein Laser brennt natürlich Löcher in die Tickets und macht sie dadurch unbrauchbar. Vermutlich hat ein wütender Kunde deshalb das Gerät demoliert.

Zugang zu einer öffentlichen Tiefgarage in der Chemnitzer Innenstadt

Bewusstlos im Pool: Neunjähriger reanimiert kleinen Bruder - Sanitäter attestiert per Telefon

Ein Neunjähriger hat seinem kleinen Bruder das Leben gerettet. Ein Sanitäter unterstützte ihn dabei am Telefon. Der

Geistesgegenwärtig stellte der Sanitäter sogleich ein Attest aus und faxte es dem Jungen nach Hause, damit er nicht noch Ärger wegen unentschuldigten Fehlens im Unterricht bekam.

stern.de

> Das Urteil zeigt eindrucksvoll, dass es ==keinen Chorgeist== der Judikative (richterliche Gewalt im Staat) und der Exekutive (in diesem Fall der Polizei) gibt. Zudem stärkt es das Vertrauen der Menschen in unser System und erinnert Beamte daran, sich regelkonform zu verhalten.

Seit der gemeinsame Chor aus Richtern und Polizisten aufgelöst wurde, fehlt es an sangesbrüderlichem Zusammenhalt.

»Weser Report« (Bremen)

> **Weitere Informationen**
>
> Die Kinder unserer Kindertagesstätte werden in 2 altersgemischten Gruppen betreut. <u>In beiden Gruppen arbeiten je zwei enervierte und qualifizierte Erzieherinnen</u> bzw. sozialpädagogische Assistentinnen.
> In einer Atmosphäre der Geborgenheit und des Vertrauens werden den Kindern vielfältige Erfahrungsmöglichkeiten geboten.

Der Beruf der Erzieherin ist bekanntlich sehr anstrengend. Da kann es schon mal zu einer nervlichen Überlastung kommen.

Internetseite der Kirche in Böel (Schleswig-Holstein)

Gar nicht lustig!

Lachen sei die beste Medizin, heißt es bekanntlich. Aber manchmal kann es auch zu einem Gesundheitsrisiko werden – wenn es einem nämlich im Halse stecken bleibt. Zum Beispiel wenn ein Witz zutiefst makaber oder alles andere als politisch korrekt ist. Die folgenden Seiten sollten Sie daher mit besonderer Vorsicht genießen.

> schlimmern. In seltenen Fällen kann eine Depression oder Psychose zu Selbstmordgedanken, Selbstmordversuchen oder einem vollendeten Selbstmord führen. Wenn dies passiert, beenden Sie die Einnahme von Ciprofloxacin und wenden sich sofort an Ihren Arzt.

Das Beenden der Einnahme ergibt sich nach vollendetem Selbstmord irgendwie von selbst; das mit dem Arztbesuch dürfte schwieriger werden.

Beipackzettel eines Antibiotikums der Firma Bayer

> Die medizinische Behandlungspflege in Heimen wird grundsätzlich zur Pflegeversicherungsleistung. Für eng begrenzte Personengruppen mit besonders hohem Behandlungspflegebedarf (z.B. Wachkomapatienten, Dauerbeamtete) soll sie gleichwohl zu Lasten der Krankenkassen abrechnungsfähig werden.

Der Pflegebedarf bei Beamten auf Lebenszeit steht doch wohl außer Frage.

www.pflegen-online.de

> An der Ostsee herrscht besonders im Sommer ein mildes Klima. Die Luftfeuchtigkeit ist etwas erhöht und es weht beständig eine frische Brise. Ideal ist das Wetter in den Ostseebädern für Herz und Kreislauf, es ist heilsam für Hautentzündungen und Atemwege. Das Immunsystem wird gestärkt und wird auch vom empfindlichen Menschen sehr gut zu vertragen. Die frische Ostseeluft, ohne Polen und Schadstoffe, wird von Allergikern besonders gut vertragen. Besonders heilend wirkt das Wetter auf Usedom und an der Ostseeküste auf Nase, Bronchien und Haut.

Folglich sollten Allergiker die polnische Küste eher meiden.

Internetseite über Usedom

Seniorin tötet und zerteilt Ehemann
Das Rentnerpaar galt als unzertrennlich

Wie sich zeigte, war zumindest der Ehemann dann doch zertrennlich.

»Nassauische Neue Presse« (Hessen)

 RN_DORTMUND Mit einem Überfall auf einen Senior sagen wir Tschüss für heute. Hier übernimmt der Spätdienst. http://RN.de/1104029
vor ungefähr 14 Stunden via TweetDeck

Als Redakteur verdient man heute so schlecht, dass man nach der Arbeit eben noch den ein oder anderen Passanten berauben muss.

»Ruhr-Nachrichten«

Glück im Unglück
Kran stürzt auf Kindergarten

Es hätte bedeutend schlimmer kommen können: Der Kran hätte zum Beispiel einen Carport oder Mobilfunkmast treffen können.

n-tv.de

> Der Beschuldigte ist auf freiem Fuß. Für die Angehörigen des Opfers ist das kaum erträglich, zumal sie schon in den 1990er Jahren die Polizei einschalten wollten, aber abblitzten. „Man hätte nur mal einer Spur nachgehen müssen", betont der <mark>Restanwalt</mark> der Opfer-Familie, ▮▮▮ ▮▮▮▮.

So viele Anwälte hatte man schon verschlissen. Nur einer war noch übrig.

»Wiesbadener Kurier«

Hexenverfolgung im Mittelalter

> **REDWITZ** (red) Das nächste VdK-Treffen findet am Mittwoch, 8. April, um 15 Uhr im Schützenhaus in Redwitz statt. Herr Polizeioberrat ▮▮▮ ▮▮▮▮ hält einen <mark>Vortrag über die Hexenverfolgung im Mittelalter. Alle, die einen unterhaltsamen Nachmittag verbringen wollen, sind eingeladen.</mark> Nichtmitglieder sind willkommen.

Denn alles in allem war die Hexenverfolgung doch eine unterhaltsame Angelegenheit.

»Obermain-Tagblatt«

ge Oestrich-Winkelerin ist gestern Nachmittag gegen 17 Uhr von einer unbekannten Frau bestohlen worden. Die Frau sammelte auf dem Kerbeplatz angeblich Spenden für einen Staubstummenverein, so die Polizei. Die Geschädigte habe

Nach der Tat hat sich die Frau natürlich aus dem Staub gemacht ...
»Wiesbadener Kurier«

Blindenseelsorge:

Klingel defekt!

Neben der Tür, rechts den Weg hoch gehen!

Durch das offene Fenster rufen!

DANKE!!!

PS: Jemand von der Gehörlosengruppe wird Ihnen dann öffnen.
Düsseldorf-Kaiserswerth

Wie rührend ist so ein Gedicht
Gemeißelt in ein Grabeskissen –
Allein das kleine Wörtchen »nicht«
Wird mancher hier vielleicht vermissen.

Friedhof in Kirchheim in Schwaben (Bayern)

Die Trauerfeier mit anschließender Urnenbeisetzung findet am Samstag, den 10. Januar 2015, um 11.00 Uhr auf dem Hauptbahnhof in Gotha statt.

Mehrmals kam es während der Trauerfeier zu kurzen Unterbrechungen wegen einer Zugdurchfahrt.

Traueranzeige in der Wochenzeitschrift »Hallo Thüringen«

Man gönnt sich ja sonst nicht's

Während Komma, Semikolon und Bindestrich zunehmend aus unserem Schriftbild verschwinden, erobert ein Zeichen immer neue Lebensräume. Die Rede ist vom Oberstrich, besser bekannt als Apostroph. Ursprünglich als reines Auslassungszeichen gedacht, hat der Apostroph nach englischem Vorbild sein Einsatzgebiet inzwischen erfolgreich auf den Genitiv ausgedehnt. Doch damit gibt er sich nicht zufrieden: Immer häufiger greift er auf den Plural über, bemächtigt sich des Imperativs und macht selbst vor harmlosen Adverbien nicht Halt. Kein Buchstabe am Wortende ist mehr vor ihm sicher. Willkommen zu einer weiteren Folge aus der Reihe »Katastrophen mit Apostrophen«.

An »Willy's Würstchenbude« und »Erika's Imbiss« haben wir uns (fast) schon gewöhnt, an Susis Genitiv-Design noch nicht, auch wenn es angeblich schon seit 1995 existiert.

Kassel-Wolfsanger/Hasenhecke

Nach dem ersten Schnap's hatte Alois einen leichten Hick's. Nach dem zweiten Schnap''s hatte er einen ordentlichen Schwip''s. Nach dem dritten stieg er auf seine Ski'''er und rauschte jodelnd hinab in'''s Tal.

Skihütte in Lackenhof (Österreich)

Man sollte sie auf keinen Fall länger als fünf Minuten ziehend lassen, sonst schmeckend sie bitternd.

Tee'geschäft auf der Nordseeinsel Juist (Niedersachsen)

Nachdem man die Pluralformen »Kabeln« und »Käbel« verworfen hatte, kam nur noch eine Möglichkeit in Betracht.

Flohmarkt im Berliner Stadtteil Prenzlauer Berg

Wer hat behauptet, nur das »s« ließe sich apostrophieren?
Restaurant im Münchner Kaufhaus »Oberpollinger«

Und wo du schon dabei bist: Tu der Welt einen Gefallen und nimm diesen Kundenstopper gleich mit.
Bregenz (Österreich)

Während andernorts immer noch überlegt wird, wie wohl die Mehrzahl von Ananas lautet, wurde hier überraschend die Einzahl gefunden.

Marienplatz München

Viele Kunden waren bereits von der Orthografie ausreichend überrascht. Noch eine Überraschung wollten sie lieber nicht riskieren.
Bäckerei im Garbsener Ortsteil Berenbostel (Niedersachsen)

Die Markise ist offenbar älter als das Ladenschild; sie stammt noch aus vorapostrophischer Zeit.
Fulda

Es wird für immer ein Rätsel bleiben, wieso ausgerechnet beim Steinbruch das Genitiv-s nicht abgebrochen wurde, während man es beim Weiher davontreiben ließ.

Schlangenbad-Wambach (Hessen)

So steht's doch auch in der Brandschutzordnung …

Vereinsheim im Münsterland (Nordrhein-Westfalen)

Hier lenkt der geradewegs ins Nichts führende Apostroph trefflich davon ab, dass manche offenbar nicht mal bis drei zählen können.

Osterkirmes in Bremen

Englisch können sie, aber der Deutschunterricht war offenbar für die Katz ...

Coburg (Bayern)

Das vorne fehlende »h« wurde durch den Apostroph am Ende wieder wettgemacht.

Oberursel (Hessen)

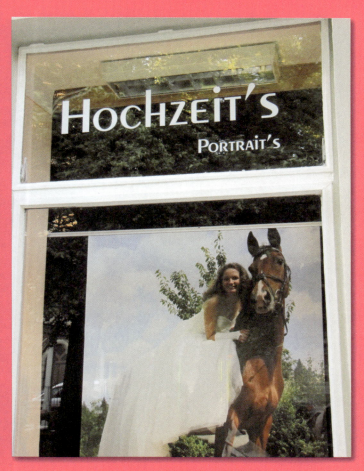

Die Braut deutete es als schlechtes Omen für ihre Ehe, dass das Wort »Hochzeitsportraits« bereits so viele Lücken aufwies, und ritt im Galopp davon.
Hameln (Niedersachsen)

Verboten!

Was ist nicht alles verboten: Das Halten im Halteverbot, das Parken im Park, das Betreten des Sees, das Futtern der Möwen. Die meisten Schilder im öffentlichen Raum enthalten Warnungen und Verbote – vermutlich aus gutem Grund. Also nehmen Sie sich in Acht! Verzehren Sie Ihren mitgebrachten Hund woanders und rauchen Sie unter keinen Umständen die Dachfläche.

Ein falscher Tritt, und das Leben dieser zarten Gräser wäre unwiederbringlich verloren.
Vor dem Hauptbahnhof in München

Wie die Schüler in die Klassenräume gelangen sollen, bleibt rätselhaft. Vielleicht gibt es irgendwo einen geheimen Tunnel.
Grundschule in Erfurt

Jawoll! Wo kämen wir denn da hin? Am Ende wollen die hier noch malen und basteln und singen. Aber nicht mit uns!
Weidenthal (Rheinland-Pfalz)

Zähneknirschend nahm es die Theaterdirektion hin, dass sich etliche Besucher immer wieder enorm verspäteten und erst zum zweiten Akt auf ihren Motorrädern oder Autos angerauscht kamen – wobei sie jedes Mal einen Höllenlärm machten, wenn sie die geschlossene Einfahrt durchbrachen.

Landestheater Coburg (Bayern)

Drei gebrochene Rippen und ein aufgeschlagenes Knie waren die Bilanz, als Rentnerin Maria H. den Versuch unternahm, bei Glätte auf dem Geländer zu balancieren.

Naturpark Schwalm-Nette (Nordrhein-Westfalen)

Lassen Sie sich von der schwachen Spannung und dem niedlichen Sirren des Zaunes nicht erweichen. Er wird vom Bauern schon mit genügend Ampere gefüttert!

Ottenau (Baden-Württemberg)

»Mit Steinen dürft ihr aber!«, ermutigte Oberstudienrat Haberecht seine Schüler. »Jeder Treffer ein Punkt für den Dativ!«

Freizeit- und Saurierpark Germendorf (Brandenburg)

Baumarkt-Kundin Annegret fragte sich, ob »dringend Pipi müssen« schon als Gefahr galt oder ob sie erst noch eine größere heraufbeschwören musste.

Baumarkt in Rendsburg (Schleswig-Holstein)

Fremdgehen ist in unserer Gesellschaft längst kein Tabu mehr. Fremdflyern hingegen wird nicht hingenommen.

Museumsquartier in Wien

Glück gehabt, Fiffi!

Gaststätte auf dem Brocken im Harz (Sachsen-Anhalt)

Durch den zügellosen Appetit der Tagestouristen war der Möwenbestand in den letzten Jahren alarmierend zurückgegangen.
Zinnowitz auf Usedom (Mecklenburg-Vorpommern)

Keine Ahnung, warum man die Dachfläche nicht rauchen soll. Das Gras sieht doch ganz harmlos aus.

Hotel in Bad Kissingen (Bayern)

»Und das noch in meinem Alter«, stöhnte Rentner Karl-Heinz, als er sich die Unterhose auszog und im Adamskostüm in die Waschanlage fuhr.

Tankstelle in Wolfsburg (Niedersachsen)

Kein noch so ausnahmsloses Verbot ohne Ausnahme.
Krumpendorf am Wörthersee (Österreich)

Endlich mal kein Verbot, sondern die Erlaubnis, mit dem Fahrrad zu fahren und Fußgänger nötigenfalls zur Seite zu schieben.

Zugang zum Strand am Dümmer See in Lembruch (Niedersachsen)

Von der Einzahl in die Mehrzahl

Bonus, Boni; Kaktus, Kakti ... Bei klassischen Fremdwörtern ist die Pluralbildung oft heikel – da sind sprachliche Lapsi fast unausweichlich. Aber auch bei einfacheren Wörtern sind wir uns nicht immer sicher: Aus einem Ross werden zwei Rösser, aus einem Walross aber nicht zwei Walrösser, oder doch? Und wenn der Mops im Plural zu Möpse wird, werden aus einem Drops dann Dröpse?

Anfangs hatte Bauer Sörensen keine Lust, seine Frau in das Haushaltswarengeschäft zu begleiten. Das änderte sich, als er sah, dass man dort auch Gerätschaften zum Anspannen von Pferd und Ochs kaufen konnte.

Haushaltswarengeschäft in Nürnberg

Hier bekommen Sie alles, was auf -en endet: Nähgarnen, Hosenknöpfen, Gummiringen und Stahlstiften.

»TT-Markt« Dresden

Dem Inhaber dieses Tankstellenladens war selbstverständlich klar, dass der Plural von Atlas nicht Atlasse heißt.

Tankstellenshop an der A5 (Baden-Württemberg)

> entwendet. Weiterhin wurden aus den Räumlichkeiten der Gaststätte ein Laptop, Werkzeug und Alkoholiker entwendet. Über die genaue Höhe des

Dass ihm bei dem Einbruch einige seiner Stammkunden abhandengekommen waren, traf Kneipenwirt Seidel besonders hart.

Internetpresseportal der Polizeiinspektion Hildesheim

Der Duden führt als Mehrzahl von Campus die Formen »Campus« und »Campusse«. Manch einer kennt da noch mehr:

> Tag der offenen Tür an der Hochschule Harz
> **20-Jährige lockt viele Gäste auf Campi in Halberstadt und Wernigerode**

»Harzer Volksstimme« (Sachsen-Anhalt)

Bekleidungsverkäufer Tüllrock wunderte sich, dass immer wieder Kunden hereinkamen, die nach Glas- und Porzellanwaren fragten.

Modegeschäft in Koblenz

Fast schon ein Klassiker, gehört in die Kategorie Spaghettis, Mafiosis und Paparazzis.

»Abendzeitung« München

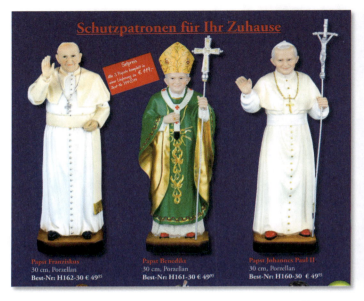

Passen in jede handelsübliche großkalibrige Schusswaffe.

Aus einem »Galerista«-Katalog

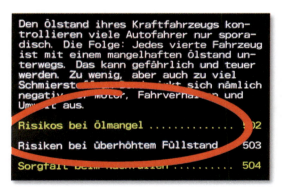

Der Plural von Risiko? Da ist man sich beim ZDF nicht einig und bietet zur Sicherheit zwei Möglichkeiten an.

ZDF-Videotext

Beim Designen der Mehrzahl lässt sich mancher von der Vielzahl der Möglichkeiten hinreißen.

Einzelhandelsgeschäft im Nordwestzentrum (NWZ) Frankfurt/Main

Die Schnecke erinnerte sich noch gut: »meine ersten wörten waren salatblätten und schneckenhäusen!«

Aus dem Sortiment des Sonderpostenmarkts »Action«

Man nehme acht Kinder

Kaum hat man sich an sie gewöhnt, schon sind sie aus dem Haus. Kinder werden ja so schnell erwachsen! Darum lassen Sie uns einen Moment innehalten und uns am Kindsein erfreuen. Lassen Sie uns feiern, und zwar überall dort, wo sich Kinder besonders wohlfühlen: in der Diskothek oder im Panzermuseum, bei der Schnäppchenjagd oder beim Reisebaden.

»Acht Kinder? Kein Problem«, rief Schulbusfahrer Hinzel begeistert; »ich kann noch viel mehr liefern! Was gibt's denn dafür?«

Niederkirchen (Rheinland-Pfalz)

Der kleine Jonas glaubt nicht mehr an den Klapperstorch: »Du, Papi, sag mal ehrlich, wo kommen die kleinen Kinder her?« – »Nun ja, wenn du es wirklich wissen willst: Dich haben wir vom Weihnachtsmarkt.«

Zwiesel (Bayern)

»Und deine kleine Schwester haben wir bei einem Töpferkurs gemacht!«

Aus einem Faltblatt für ein Straßenfest in Freiburg

Der perfekte Ort für einen Familientag. Wenn hier keine unbeschwerte Fröhlichkeit aufkommt, dann nirgendwo.
Munster (Niedersachsen)

Aus Gründen der Gleichstellung beschäftigt der Kindergarten Schaprode jetzt jeweils einen Kindergärtner, eine Kindergärtnerin, einen Kinderinnengärtner und eine Kinderinnengärtnerin.

Aushang der Kirche Schaprode (Mecklenburg-Vorpommern)

Ja, hackt sie unter, am besten unter die Erdbeeren – dort wird sie keiner so schnell suchen.

Anzeige einer Diskothek im »Neuen Braunschweiger«

BURGSINN

Alles fürs Kind aus zweiter Hand in der Sinngrundhalle

In der Sinngrundhalle Burgsinn findet am Samstag, 19. September, von 10 bis 12.30 Uhr der Basar „Rund ums Kind" statt. Es werden Herbst- und Winterbekleidung, Kinderwagen, Sport- und Spielwaren sowie Umstandsmoden und Faschingsartikel verkauft, jedoch keine Flohmarktartikel, teilt das Basarteam in der …

Die Idee, einen Basar speziell für Stief- und Adoptivkinder zu veranstalten, wurde vor allem von Patchworkfamilien begeistert aufgenommen.

»Mainpost«

Achtung, Kinder, wenn ihr eine Kapuze habt, dann könnt ihr vielleicht auch einen dieser tollen Mäntel zum Reisebaden bekommen.

Aus einem Versandkatalog

Zur großen Freude der Eltern bieten einige Aussteller auf Flohmärkten und Straßenfesten seit Kurzem auch Disziplinarmaßnahmen für unartige Kinder an.

Berlin-Wedding

Sie können unbesorgt sein: Unsere Tagespfleger sind eigens für den Kampf gegen Krokodile und andere Raubtiere ausgebildet worden.

Bovenden (Niedersachsen)

Keine Lust mehr auf die alten Kinder? Hier gibt's neue! Stapelweise!
Wien

Ob es nun der Zahn der Zeit oder ob's ein Kinderfeind
oder Kinder selber waren,
die dies Schild so umgestaltet –
das werden wir wohl nie erfahren.
Eisenschmitt in der Eifel (Rheinland-Pfalz)

Haus und Garten

Sie sind gerade dabei, sich neu einzurichten? Hier finden Sie unschlagbare Tipps, wie sie Ihnen keine Wohnzeitschrift bieten kann. Praktisches und Schmückendes »für in die Wohnung« und für den Garten, zum Beispiel stocksteife Blumenarrangements und Tische, die wie Raketen in die Luft gehen. Lassen Sie sich überraschen – vom Auspacken der Kartons bis zum Einpacken des Grundstücks.

Dieses Wohnbeispiel gehört zweifellos zur angesagten Stilrichtung des »konstruktiven Kartonismus«.

Anzeige auf immoscout24.de

Beim Diktieren der Anzeige war Rudi vor Aufregung mal wieder ins Stottern geraten.

Anzeige aus dem Mitteilungsblatt »Achern aktuell« (Baden-Württemberg)

Der Vorbesitzer hatte dem irren Blick nicht lange standhalten können und war schreiend davongelaufen.

Anzeige auf immoscout24.de

Zum sofortigen Mitnehmen. Auf Wunsch mit Schleifchen dran.

Freinsheim (Rheinland-Pfalz)

NEUE FENSTER UND HAUSTÜREN
Ein schönes Zuhause – das bin ich mir wert.

**FÜR IHRE SICHERHEIT!
FENSTER- UND HAUSTÜR-WECHSEL
OHNE DRECK VON PERFECTA.**

Wenn Sie den Dreck von Perfecta leid sind, dann kommen Sie zu uns! Wir arbeiten sauber!

Anzeige aus der »Wertinger Zeitung« (Bayern)

ORDNUNG IM KÜHLSCHRANK

Etwa 230 Euro könnte ein durchschnittlicher deutscher Haushalt sparen, wenn er nicht so viele Lebensmittel wegwerfen würde, so die Verbraucherschützer. Ordnung zu halten hilft dabei. Wenn Sie neue Ware einsortieren, ziehen Sie konsequent ältere Lebensmittel nach vorn. So werden Sie im hinteren Teil von Kühlschrank und Regal nicht vergessen und können nicht unbemerkt verderben.

Hallo, Sie da im Kühlschrank, seien Sie unbesorgt, wir werden Sie nicht vergessen!

»Das Neue Blatt«

Haseneierwärmer
Supersüßer Haseneierwärmer aus kuscheligem Plüsch mit lustigen Knickohren. Nicht nur in der Osterzeit eine hübsche Tischdekoration.

Damit Ihr süßes Häschen keine kalten Eier kriegt ...

Shop-Angebot der »Mitteldeutschen Zeitung« (Sachsen-Anhalt)

4.99

Nasenohrhaarschneider
- Mit Halter und Kotelettenaufsatz
- Inkl. Batterie

GARANTIE 24 MONATE

Der handliche Haarschneider für Ihr Nasenohr!

Werbung der Drogeriemarktkette »Rossmann«

Der Start des Tischs ist für 14:35 Uhr MESZ geplant. Kurz vor Erreichen der Erdumlaufbahn wird die Glasplatte abgesprengt.

Angebot für einen Lounge-Tisch im »Obi«-Baumarkt Unterhaching (Bayern)

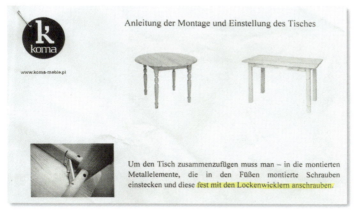

Da Lockenwickler beim Frisieren heutzutage seltener als früher zum Einsatz kommen, hat sich die Industrie neue Verwendungsmöglichkeiten einfallen lassen.

Montageanleitung des Möbelherstellers »Koma«

Gibt's auf Nachfrage auch für auf den Balkon und für vor dem Haus.

»Rewe«-Markt in Niedernhausen (Hessen)

Man sollte sich beim Bepflanzen von Rabatten nicht auf eine einzige Blumensorte verlassen, da das Arrangement schnell etwas steif wirken kann.

»Kaufland« in Köln-Ehrenfeld

Mitteilung !!!!!

Alle Gartenfreunde, die Tannen und Koniferen haben, müssen auf <u>2,00m – 2,50m Höhe</u> zurück geschnitten werden.

Der Vorstand

»Was bin ich froh, dass ich nur Laubbäume habe«, dachte Gartenfreund Rübezahl erleichtert.

Kleingartenverein in Köthen (Sachsen-Anhalt)

Steinharte Antwort auf die Frage, warum sich Männer so gerne in Baumärkten aufhalten.

»Bauhaus« in Magdeburg

Wenn's besonders herzlich klingen soll, dann darf's ruhig ein Buchstabe mehr sein.

Gärtnerei in Billerbeck (Nordrhein-Westfalen)

Hier wird der Ausverkauf unserer lieben Mutter Erde gleich säckeweise betrieben. Was wohl Vater Himmel dazu sagt?
Gärtnerei in Schürsdorf (Schleswig-Holstein)

Für die Bodenabdeckung kommen auch zermahlene Hufe und Hörner vom Rind in Frage.
»Edeka«-Markt in Coburg (Bayern)

Küchensause

Lesen macht hungrig, darum haben Sie sich jetzt eine kleine Mahlzeit verdient. Bei den folgenden Speiseangeboten ist für jeden Geschmack etwas dabei, und sei er noch so ausgefallen. Zum Beispiel sehender Lachs oder ringender Tintenfisch. Oder krasse Ente oder gefühlte Paprika. Und dazu Soßen in allen Variationen, denn es gibt viele Arten, sie zuzubereiten – und fast ebenso viele Arten, sie zu schreiben. Guten Appetit!

Die Bewohner von Fritzlar können aufatmen: Der gefürchtete Camembär wurde erlegt und wird nun portionsweise verkauft.

Bioladen in Fritzlar (Hessen)

Besser als Pommes! Kartoffeln fast ganz durchschneiden, Olivenöl, etwas Butter, eine <u>Brise Meersalz</u> und Pfeffer darüber geben und für 40 Minuten bei 220°C Umluft backen!

Weil ihr eine entscheidende Zutat fehlte, fuhr Helga kurzerhand mit einem Windfangbeutel an die Nordsee.

pinterest.de

»Ich sehe was, was du nicht siehst«, sprach der Lachs zum Kartoffelsalat.

Metzgerei in Gladenbach (Hessen)

Voll krasses Angebot, ey!
Restaurant in Berlin-Neukölln

Schon wieder hatte Oma ihre Schnitzel anbrennen lassen. Aber von solchen Pannen ließ sie sich nicht beirren.
Gasthof in Elsterheide (Sachsen)

Erst connte Chili carne, dann cannte Chili corne, und jetzt can Cili nur noch corne. Bitte noch mal von vorne!

Angebot einer Bäckerei in Bamberg (Bayern)

Selbst für einen toten Fisch eine etwas zu laxe Rechtschreibung.

Speiselokal in Kiel

Nach Hamburgern, Wienern und Berlinern hat es eine weitere Volksgruppe auf die Speisekarte geschafft.

Speiselokal in der Hamburger Altstadt

Frau Järge müssen Sie sich selbst schnitzen, alles andere finden Sie im Beilager nebenan.
»Toom«-Markt in Griesheim (Hessen)

Der Frühling rollt an. Höchste Zeit für Chili, die Sause zu machen.
Fahrender Imbissstand auf der »Potsdamer Schlössernacht«

Im Ringkampf ist der Tintenfisch nach wie vor ungeschlagen. Da kann das Hühnerfleisch noch so süß sauer sein.

Restaurant in Berlin-Tiergarten

Es grühlt so grühl, wenn Deutschlands Würstchen brühen …

Restaurant in der Hamburger Innenstadt

Treffen sich ein Spiegelei und ein Rührei am Buffet. »Ich stamme aus Bergisch Gladbach«, erklärt das Spiegelei stolz. »Und Sie?«
Frühstücksbuffet eines Hotels in Wasserburg am Bodensee (Bayern)

Die drei goldenen Regeln für Bäckerlehrlinge: Bitte kein spätes Zubettgehen. Bitte kein lautes Musikhören. Und drittens:

SB-Bäckerei in Menden (Nordrhein-Westfalen)

DAS WICHTIGSTE AM ... IST DAS FRÜHSTÜC...

• **Pariser Frühstück** •
1 Wiener Croissant, Butter, Marmelade, Hon...
oder Nutella. Dazu einen Café Crème, Tee o...
heiße Schokolade.

Als eine Folge der Globalisierung lässt sich eine zunehmende Annäherung zwischen Metropolen wie Paris und Wien beobachten, insbesondere beim Frühstück.

Bäckerei in Waldshut-Tiengen (Baden-Württemberg)

Die Schreibweise könnte einem ja egal sein, wenn diese Leckereien wenigstens kalorienarm wären.

Berlin-Steglitz

Beliebtes Tellergericht aus Italien.

Firmenkantine in Dresden

Staatstragender Salat.

Pizzeria in Wien

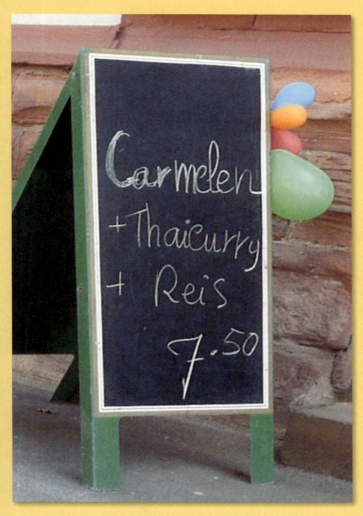

Als dem Koch durch ein Missgeschick sämtliche Garnelen in den Topf mit der Karamellsoße gefallen waren, wusste er, dass er heute improvisieren musste.

Speiselokal in Aschaffenburg (Bayern)

Verbrechen und andere Kleinigkeiten

Wer sagt, Verbrechen lohnen sich nicht? Die meisten Taschendiebstähle werden schließlich erst bemerkt, nachdem das Portemonnaie verschwunden ist. Bei der Mehrzahl der Einbrüche ist die Polizei machtlos, insbesondere bei Einbruch der Dämmerung. Zum Glück kann sie auf die Unterstützung der Ladendiebe zählen, die immer mal wieder einen Trickbetrüger auffliegen lassen.

Die Polizei kann bei Kriminalität im Internet nur schwer mithalten

Darum werden für Polizisten nun eigens Schulungskurse angeboten mit dem Titel »Wie werde ich ein erfolgreicher Internet-Krimineller?«.

Meldung auf rnz.de

Dämmerungseinbruch: Schmuck gestohlen

Gröbenzell - Ein fieser Dämmerungseinbruch in einem Reihenhaus an der Brennerstraße in Gröbenzell beschäftigt die Polizei.

Zeugen berichteten, dass sie vom plötzlichen Einbruch der Dämmerung völlig überrascht worden seien: »Es wurde mit jeder Minute dunkler. So was Fieses haben wir hier lange nicht erlebt!«

merkur-online.de

Sie greifen blitzschnell zu
Eine Bande von Taschendieben hat die Mainzer Polizei im Visier. ▶ LOKALES

Ehe sich's die Mainzer Polizei versah, wurde sie vom Jäger zum Gejagten ...

»Allgemeine Zeitung« Mainz

Diebe nehmen fremdes Eigentum mit

STADE. Das letzte Wochenende sowie die Nacht zum Dienstag haben Einbrecher und Diebe genutzt, sich fremdes Gut anzueignen. So brachen Unbekannte die Hintertür eines Einfamilienhauses in der Straße Jahrelang hatten sich die Diebe aus der Gegend von Stade damit begnügt, ihr eigenes Hab und Gut zu stehlen. Nun änderten sie plötzlich ihre Strategie.

»Stader Tageblatt« (Niedersachsen)

Wo die Mafia täglich vorbeischaut und kassiert, bringt sie mittlerweile Schilder an, um sich lästige Konkurrenten vom Halse zu halten.

Barth (Mecklenburg-Vorpommern)

Taschendieb greift auf dem Weinfest zu

Göppingen. Eine Frau ist auf dem Weinfest in Göppingen Opfer eines Taschendiebs geworden. Der Langfinger stahl ihr am Donnerstag das Portemonnaie kurz nach 13 Uhr aus der Handtasche. Die Frau bemerkte das Fehlen der Geldbörse erst nachdem diese verschwunden war. Der Diebstahl war auch den Begleiterinnen des Opfers nicht aufgefallen.

Nur wenigen medial veranlagten Menschen gelingt es, das Fehlen vor dem Verschwinden zu bemerken.
»Neue Württembergische Zeitung«

(gap) Nach einem Einbruchsversuch in Rheda-Wiedenbrück sucht die Polizei in Gütersloh Einbrecher, die in einem Audi mit MG-Kennzeichen flüchteten. Ein Mann und drei Männer hatten am Samstag gegen 14.45 Uhr die Terrassentür eines Wohnhauses aufgehebelt. Als sie gestört wurden, fuhren sie in einer sil-

Nicht jedem ist es gegeben, eins und drei zusammenzuzählen.
»Rheinische Post«

ITALIEN

Polizei fasst ranghohen Mafiaboss

Rom. Die italienische Polizei hat einen der meistgesuchten Mafiosi des Landes festgenommen. Der 46-Jährige ging den Beamten am Mittwoch im kalabrischen Molochio ins Netz. **Er stand auf der Liste der 100 meistgesuchten Verbrecher des Innenministeriums.** (dpa)

Die enge Verflechtung von Mafia und Regierung scheint noch immer eines der größten Probleme Italiens zu sein.

»Kölner Stadt-Anzeiger«

Markt-Mitarbeiter. Sein Gefühl täuschte ihn nicht. Sekunden später bat ihn eine völlig aufgelöste Kundin um Hilfe. **Der Mann habe ihren Geldbeutel aus ihrem Einkaufswagen gekauft.** M... W... zögerte nicht und rannte hinterher. Sein

Die Aufregung der Frau lässt sich nur damit erklären, dass sie vergessen hat, dem Mann eine Kaufquittung auszustellen.

»Hallo München«

Tricktrieb muss drei Jahre hinter Gitter

Immer wieder versuchen gewiefte Strafverteidiger, ihre Mandanten als Opfer ihrer Triebe hinzustellen. Mancher Richter lässt sich davon überzeugen.

»Berliner Zeitung«

Ladendieb erwischt drei Trickbetrüger

■ **Bielefeld.** Wieder haben Trickbetrüger zugeschlagen: Ein aufmerksamer Ladendetektiv eines Bekleidungsgeschäftes an der Bahnhofstraße übergab der Polizei am Montag drei rumänische Spendenbetrüger. Die Polizei warnt erneut vor Spendensammlern, die tatsächlich nicht für gemeinnützige Organisationen Spenden sammeln.

Gelegenheit macht Diebe, heißt es. Die Gelegenheit, einen Dieb aus einem Detektiv zu machen, wollte man sich hier nicht entgehen lassen.
»Neue Westfälische« Bielefeld

Wehrhafter Dieb

Aachen. Ein 47-Jähriger wurde Montagvormittag beim Ladendiebstahl im Schlecker auf dem Adalbertsteinweg erwischt. Vom Ladendetektiv angesprochen, schlug der Dieb plötzlich nach dem Detektiv und flüchtete aus dem Geschäft. Auf der Flucht ergriff der Täter eine Metallstange und ging auf seinen Verfolger los. Es gelang dem Detektiv, die Polizei zu informieren, die ihn kurz darauf in der Sigmundstraße festnehmen konnte.

Da der Dieb längst über alle Berge war, nahm die Polizei wenigstens den Detektiv fest. So brauchte sie nicht mit leeren Händen auf die Wache zurückzukehren.
»Super-Mittwoch« Aachen

Wegweisend

Des Menschen Weg durchs lange Leben
Ist mal holprig und mal eben.
Mal geht's hinab, mal hügelan,
Mal kommt man an einer Gabel an.
Dann gilt es schnell sich zu entscheiden:
Nach links, nach rechts – oder keins von beiden?
Welch großes Glück, wenn man sich dann
Auf Wegweiser verlassen kann.

Nicht umsonst heißt es: Der Weg ist das Ziel.

Am Bahnhof von Steg (Schweiz)

Vom Schulplatz geht es direkt in die Hölle. Nur wenigen gelingt ein Entrinnen über die Untere Seelgasse.

Bamberg (Bayern)

Beispielhafte Form der nachhaltigen Energienutzung: Wenn das Wasser im Schwimmbad eine Temperatur von 70 Grad erreicht, wird es im Stadion angenehm warm.

Neckargemünd (Baden-Württemberg)

Gleich scheppert's – in der Werkstatt Ihres Vertrauens.
Jettenbach (Bayern)

Noch immer sind nicht restlos alle Ortschaften an die Kanalisation angeschlossen. In einigen ländlichen Gegenden liefern die Einwohner ihr Schmutzwasser noch persönlich ab.
Erlangen (Bayern)

Oben das Wort aus der Volkssprache, darunter die – wie immer behäbigere – Entsprechung aus der Amtssprache.
Flums (Schweiz)

Weil der Pfarrer beim Graben in seinem Garten immer wieder auf Knochen stieß, die auf eine frühere menschliche Besiedlung hinwiesen, entschloss er sich, seinen Garten in einen archäologischen Park zu verwandeln.
Herrsching am Ammersee (Bayern)

Nach dem fünfzigsten Jagdunfall gelangte die Genossenschaft zu der Einsicht, dass man der Gemeinde etwas schuldig war.

Eschwege-Niddawitzhausen (Hessen)

Endlich hatte die Mafia ein geeignetes Gelände für die Entsorgung ihrer Widersacher gefunden.

Ludwigsburg-Oßweil

Hier kommt nur links was in die Tüte!
Herford (Nordrhein-Westfalen)

Und wo man schon mal dabei war, wurde die Rechtschreibung gleich mitverändert.
Berlin-Neukölln

Selten war man sich in Kulmbach so einig wie darin, dass es keinen passenderen Standort für das Finanzamt gab.

Gefängnismauer in Kulmbach (Bayern)

Ab in den Urlaub!

Die Flüge sind gebucht, die Koffer gepackt, jetzt geht es Richtung Sonne: Spanien, Italien, Griechenland oder Türkei – als Deutscher fühlt man sich inzwischen fast überall wie zu Hause. Denn überall wird man auf Deutsch begrüßt und informiert. Oder jedenfalls in einer Sprache, die so ähnlich klingt wie Deutsch. Wer die Übersetzungen auf Hinweistafeln und Speisekarten studiert, wird nicht selten mit abenteuerlichen Wortschöpfungen belohnt. Allein dafür hat sich mancher Urlaub schon gelohnt.

In der Bretagne macht man den deutschen Touristen nichts mehr vor: Da die Parkgebühren einer Bestrafung gleichkommen, kann man das Ticket auch gleich »Strafzettel« nennen.

Parkscheinautomat in Perros-Guirec (Frankreich)

Nachdem es im Altarraum immer wieder zu Auffahrunfällen mit deutschen Touristen gekommen war, hatte man sich zur Verhängung eines Überholverbots entschlossen.

Kapelle auf La Palma (Spanien)

»Passt gerade noch«, stellte Alois H. erleichtert fest, als er sich zwischen die anderen Kirchenbesucher auf die Stufe zwängte.

Dom von Siena (Italien)

In dem Bedürfnis, sich an ihrem Urlaubsort zu verewigen, errichten Deutsche nicht nur Steinmännchen, sondern pflanzen auch gern mal einen heimischen Baum.

Buchhandlung in Vejer de la Frontera (Spanien)

Für das Abschlussessen der Tagung des Welttierschutzbundes hatte sich die Hoteldirektion etwas besonders Delikates einfallen lassen.

Hotelbuffet auf Mallorca (Spanien)

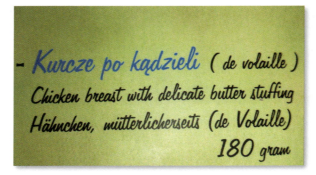

Über den Vater ist leider nichts bekannt.

Restaurant in Lodz (Polen)

> **RAVIOLO DEL GRANDUCA DI TOSCANA**
> **CON CREMA SALATA E TARTUFO**
> *Tuscan ravioli cin crema y trufa*
> *Ravioli in creamy sauce with fresh truffles*
> *Ravioli mit Zahnsoße und Trüffeln* ⬅
> *Ravioli à la crème et trouffe*

Ob die Soße aus Haifischzähnen oder Krokodilzähnen gemacht ist – oder womöglich doch nur aus Löwenzahn –, müssen Sie beim Wirt erfragen.

San Gimignano (Italien)

> **Zupy**
> Soups / Suppen
>
> **„Leśny sekret" zupa z leśnych grzybów z kropelką słodkiej śmietany**
> „Forest Secret" forest mushroom soup with sweet cream
> „Waldsekret" Waldpilzsuppe mit Tropfen süßer Sahne

Diese Suppe könnte eventuell etwas schleimig sein und modrig riechen, aber davon sollte man sich nicht abhalten lassen.

Danzig (Polen)

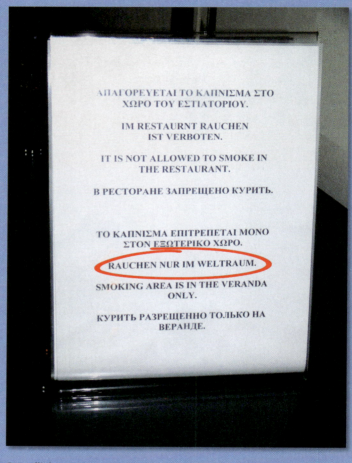

Stündlich startet vom Hoteldach ein Spaceshuttle, das Raucher in den Orbit bringt.

Leptokarya (Griechenland)

Wenn Ihnen das Schäfchen-Inventar nicht zusagt, dann blasen Sie doch die Leber an.

Hammamet (Tunesien)

> **Mitteilung zu unseren Kunden:**
>
> Unsere Teller sind alle Espresso, beziehungsweise macht im Augenblick (der Fisch wärmt nicht sich), für den sie sich für einigen Tischen wahrscheinliche längere Erwartungen von das normalen zu vollem Restaurant ereignen können. Desweiteren wenn einige Produkte nicht frisch, sondern tiefgefroren, es wird unsere Sorge sein, euch ihn mitzuteilen. Zuversichtlich geben wir euch das Willkommen in unserem Restaurant in euer Verständnis und wir wünschen euch guten Appetit.
>
> **Die Richtung**

Die grobe Richtung stimmt, nur an den Feinheiten muss noch gearbeitet werden. So wüsste man zum Beispiel gern, wen der Fisch denn wärmt, wenn nicht sich, und ob man die Teller eventuell auch koffeinfrei bekommen kann.

Grado (Italien)

> **Pstruh na grilu s vařeným bramborem přelitý máslem**
>
> Grilled Trout with boiled potatoes smothered in butter
>
> Gegrillte Forellen mit gekochten Kartoffeln in Butter erstickt

Die verdammten Biester wollten einfach nicht sterben: Selbst das Grillen konnte ihnen nichts anhaben. Erst unter Bergen von Kartoffeln in einem Butterbad wurde ihnen der Garaus gemacht.

Melnik (Tschechien)

> *******************************
> Faux-filet sauce au poivre ou moutarde
> ou aux champignons
> Sirloin pepper sauce, or mustard, or champignons
> Lendenfilet pfeffersauce oder senf oder pilzbefall
>
> -14.00 € -
> *******************************

Zum Dessert empfehlen wir ein schnell wirkendes Fungizid.

Straßburg (Frankreich)

Kalbsschnitzel mit
Braten Ferkel mit Kartoffeln
Lamm im Rohr gebraten mit Kartoffeln

FISCHE

Miesmuscheln auf Matrosenart
Schneidegerät von Lachs zum Gitterrost
Schneidegerät von Schwertfisch zum Gitterrost
Seezunge zu den Eisen
Gebackene Kalmare

BEILAGEN

Kartoffeln braten
Gemüse Verliebtheit von Jahreszeit

Der hier entstandene Eindruck, Deutsch sei vor allem eine metallverarbeitende Sprache, wird durch die Verliebtheit des Gemüses immerhin ein wenig relativiert.
Rom (Italien)

Weil ihm die Spaghetti ausgegangen waren, musste der Küchenchef auf etwas ähnlich Geformtes zurückgreifen – in der Hoffnung, die Gäste würden den Unterschied nicht bemerken.
Agadir (Marokko)

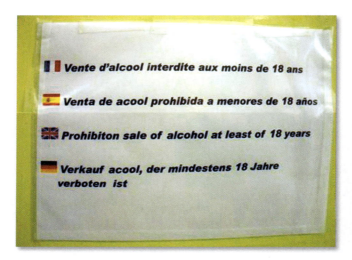

Seit den frühen Morgenstunden standen die Kunden Schlange, um eine Flasche jenes Alkohols zu ergattern, der 18 Jahre lang verboten war.

Supermarkt in Soustons (Frankreich)

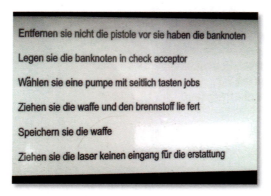

Richtlinien für die ordnungsgemäße Durchführung eines bewaffneten Raubüberfalls.

Tankstelle nahe dem Flughafen Mailand-Malpensa (Italien)

So manches Hotel verdankt seinen guten Ruf weniger seinem Service als vielmehr der Diskretion seiner Gäste, die jeden unangenehmen Zwischenfall für sich behalten.

Hotel in S'Arenal, Mallorca (Spanien)

Dieser äußerst putzigen Bitte möchte man nur allzu gernchen Fölgchen leistchen.

Jugendherberge in Tschechien

Bildnachweis

Der Dank gilt folgenden Personen, die ihre Genehmigung zur Veröffentlichung der Fotos gegeben oder Zeitungsausschnitte und andere Materialien zur Verfügung gestellt haben.

11 oben	Achim Schermuly-Koch, Düsseldorf	24	Anne Bicker, Berlin
11 unten	Frederike Schmidt-Dziewiatka, Hagen	25 oben	Dietmar Kreicker, Bremen
		25 unten	Marlena Meier, Köln
12 oben	Daniel Kristen, Wuppertal	26	Sandra Serro, Hallbergmoos
12 unten	Hans-Werner Witt, Hamburg	27 oben	Ulrich Nehls, Buckenhof
13 oben	Sören Rossmann, Bünde	27 unten	Gabriele Louis, Nantes (Frankreich)
13 unten	H.-H. Quade, Halle		
14	Thomas Keller, Altshausen	28 oben	Walter Jansen, Viersen
15	Sebastian Wenner, Fronhausen	28 unten	Anke Wolff, Düsseldorf
		29 oben	Ute Finder, Nürnberg
17 oben	Jens Klein, Stuttgart	29 unten	Christine Werner und Tobias Karkuschke, Eichwalde
17 unten	Wolfgang Hanisch, Berlin		
18 oben	Ulrich Gengenbach, Remchingen	30 oben	Tanja Jokisch, Köln
		30 unten	Uli Maschek, Radebeul
18 unten	Lisa Otte, Mettingen	31 oben	Andreas Barchet, Kaiserslautern
19 oben	Antonios Paxinos, Nürnberg		
		31 unten	Antje Kinkel, Oberursel
19 unten	Jennifer Berning, Herzlake	33 oben	Daniel Kristen, Wuppertal
20 oben	Jessica Keuthen, Mainz	33 unten	Siegfried Staab, Langwedel
20 unten	Marco Krause, Baden-Baden	34 oben	Joseph Karg, Berlin
		34 unten	Stefan von Urban, Hamburg
21 oben	Gernot Weingardt, Bautzen	35 oben	Florian Feith
21 unten	Andrea Kühn, Leipzig	35 unten	Michael Jänichen, CH-Bern
23 oben	Thomas Klimmasch, Leverkusen	36 oben	Volker Lieb, Wuppertal
		36 unten	Daniel Griese, Lennestadt
23 unten	Jasmin Hofemann, Gütersloh	37 oben	Anja Fischer, Goslar
		37 unten	Ulrike Arnold, Worms

39 oben	Jens Pielawa, Hannover
39 unten	Gernot Sauerborn, CH-Ueken
40 oben	Sascha Siepen, Wuppertal
40 unten	Bastian Sick
41 oben	Fred Beckendorff, Techentin
41 unten	Susanne B., Saarbrücken
43 oben	Jürgen R. Schindel, Delmenhorst
43 unten	Christine Meinhard, Magdeburg
44	Dr. Reiner Schenk, Bad Lauterberg
45 oben	Samya Völker, Otzberg
45 unten	Volker Heer, Wolfenbüttel
46 oben	Susanne Bisinger, Pfronstetten
46 unten	Karin Moeller, München
47 oben	Margareta Drejka, Bremen
47 unten	Andreas Ullrich, Idstein
48 oben	Gerd Rellecke, Lippstadt
48 unten	Christine Schabdach, Nürnberg
49 oben	Margrit Kühn, Karlsruhe
49 unten	Andreas Radajkin, Glückstadt
50 oben	Anke Luchterhandt, Schlangen
50 unten	Almuth Kramer-Trautwein, Fulda
51 oben	Svenja Schellenberg, Dortmund
51 unten	Volker Steps, Netzschkau
52 oben	Christiane Bohy, Chemnitz
52 unten	Stefan von Urban, Hamburg
53	Claudia Assies, Papenburg
55 oben	Klaus F. Kannegießer, Wunsiedel
55 unten	Valerie Böckel, A-Kammern
56 oben	Gerd Dammann, Kirchweyhe
56 unten	Jens Pielawa, Hannover
57 oben	Ingo Martensen, Braunschweig
57 unten	Martin Schütt, Rheinau-Freistett
58 oben	Sabine Groll, Beuna
58 unten	Wolfgang Luckner, Bonn
59 oben (l.)	Christina Liebert, Gera
59 oben (r.)	Christina Liebert, Gera
59 unten	Sabine Groll, Beuna
60 oben	Patricia Lösch, Nieder-Olm
60 unten	Juliane Zenglein, Taunusstein
61 oben	Moritz Rauch, Bayern
61 unten	Jochen Stadler, A-Langenzersdorf
62 oben	Viola Kuhne, Radeberg
62 unten	Oliver Minar, Neuss
63 oben	Joachim Kunz, Nohfelden
63 unten	Catrin Große, Doberlug-Kirchhain
64	Christina Liebert, Gera
65 oben	Dr. Matthias Last, Hamburg
65 unten	Klaus Bauer, Wiesbaden
67 oben	Rahel Egger, CH-Brügglen
67 unten	Martina Gnichwitz, Grevenbroich
67 oben	Hannah Heimann, Hamburg
67 unten	Anja Welt, Ober-Ramstadt
69 unten	Jill Nippe, Wilhelmshaven
70 oben	Ralf Schmeink, Lobberich
70 unten	Beate Borchardt, Ofterdingen
71 oben	Wolfgang Hamann, Bocholt
71 unten	Marie Keßel, Köln
72 oben	Eckhard Stengel, Bremen
72 unten	Kristin Al Najem, Mainz
73 oben	Christoph Biele, Hähnichen
73 unten	Cordula Schuh, Berlin
75 oben	Volker Scherer, Planegg
75 unten	Matthias Mack, Aichwald
76 oben	Carsten Fraatz, Hamburg
76 Mitte	Jens Bludau, Hannover
76 unten	Jana Kempe, Dresden
77 oben	Thorsten Rische, Dortmund
77 unten	Erhard Ducke, Paderborn
78 oben	Uta Reincke, Hamburg

78 Mitte	Nathalie Dreßler, Bremerhaven	100 oben	Andreas Pronin, Berlin
78 unten	Nicole Malmedé, Köln	100 unten	Ingo Chill und Joshua, Kirkel
79 oben	Isabel Gruber, München	101 oben	Christine Meinhard, Magdeburg
79 unten	Stephan Pasda, Berlin	101 unten	Eckart Pätzold, Eberswalde
81 oben	Sören Rossmann, Bünde	102 oben	Paul Schäfer, Marpingen-Alsweiler
81 unten	Christina Matzak, Berlin	102 unten	Carina und Dirk Förster, Immenstadt im Allgäu
82 oben	Hans-Werner Witt, Hamburg	103 oben	Katharina Ratjen, Uetersen
82 unten	Christina Liebert, Gera	103 unten	Günter Segnitz, Landsberg
83 oben	Dominique Kühne, Engelsbrand	105 oben	Christian Bade, Berlin
83 unten	Gertraud Krammel, A-Hollabrunn	105 unten	Nelly Baumann, Westoverledingen
84 oben	Eckhard Kiesling, Greiz	106 oben	Ulrich Karsten
84 unten	Ingrid Melchert, Gifhorn	106 unten	Martin Werkmann, Regensburg
85 Mitte	Albert Glas, München	107 oben	Claudia Heidemann, Oberursel
86 oben	Sabine Forschbach, Braunschweig	107 unten	Nina Jysch, Oldenburg
86 unten	Antje Hirschbach, Mülsen	108 oben	Christine Meinhard, Magdeburg
87 oben	Bruno Hartmeier, Karlsruhe	108 unten	Walter Hesekiel, Bad König
87 Mitte	Claudia Schumacher Süsstrunk, CH-Pfäffikon	109 oben	Hans-Werner Witt, Hamburg
87 unten	Hanna Wolf, Hamburg	109 unten	Lydia Ettenhuber, Tacherting
89 oben	Gesa und Hartmut Hangen, Gescher	111	Dirke Lehmann, Leipzig
89 unten	Hartmut Kroh, Löffingen	112 oben	Manuela Paditz, Greifswald
90 oben	Dorothee Pfitzmann, Dresden	112 unten	Michael Fingskes, Essen
90 unten	Christine Schneider, Homberg/Efze	113 oben	Gesa Hangen, Gescher
91 oben	Ralf Perlak, Berlin	113 unten	Alexandra Hillringhaus, Elmshorn
91 unten	Stefan Hauck, Lörrach	114 oben	Georg Tillmann, Much
92 unten	Ute Hohn, Herrsching	114 unten	Hannelore Ruhstrat, Chemnitz
93 oben	Marion Zill, Limbach-Oberfrohna	115 oben	Alice Grund, Berlin
93 unten	Dieter Leyendecker	115 unten	Elisa Jungbluth, Greifswald
94 oben	Frank Kublun	116 oben	Corinna Harms, Bremen
94 unten	Michael Seibel, Brackenheim	116 unten	Carola Wahl, Leutesdorf am Rhein
95 oben	Martin Rohde, Berlin	117 oben	Alexander Gehringer, Oberursel
97 oben	Dagmar Scholz, Ahorn	117 unten	Lisa Viereck, Kolbermoor
98	Gesa Hangen, Gescher		
99 oben	Klaus Sapion, Münster		
99 unten	Petra Viehweger, Barendorf		

118 oben	Petra Sigmann, Mönchengladbach
119 oben	Volker Grashoff, Schönebeck
119 unten	Andreas Maurer, Frankfurt/Main
120 oben	Olaf Morgenstern, Chemnitz
120 unten	Hartmut Kroh, Löffingen
121 oben	Eckhard Stengel, Bremen
121 unten	Anita Byl, Böel
123 oben	Maria Bachmaier, Großaitingen
123 Mitte	Jutta Kittner, Hamburg
123 unten	Wolfgang Heinecker, Heidenheim
124 oben	Jan Koßmann
124 Mitte	Martin Vogel, Dortmund
124 unten	Stefan Wallasch
125 oben	Cornelie »Conny« Busch, Oestrich-Winkel
125 unten	Rainer Domke, Küps
126 oben	Cornelie »Conny« Busch, Oestrich-Winkel
126 unten	Nicolas Teichmann, Aachen
127 oben	Erika und Hans-Jürgen Walther, Augsburg
127 unten	Lars Schubert, Gotha
129 oben	Matthias Gebauer, Kassel
129 unten	Thomas Vavrinek, A-Breitenfurt
130 oben	Sarah Bünstorf, Willich
130 unten	Daniel Wenk, Berlin
131 oben	Moritz Fitzek, München
131 unten	Jürgen Schmidt, Böblingen
132	Lisa Spannagl, München
133 oben	Dr. Gero Schwalb, Garbsen
133 unten	Julian Gutberlet, Berlin
134	Ortwin Trapp, Taunusstein
135 oben	Markus Bürschen, Gronau
135 unten	Hedda Kortekamp, Dortmund
136 oben	Michael Neuwirth, Sonneberg
136 unten	Thomas Gilles, Oberursel
137	Stefan von Urban, Hamburg
139	Julia Šarić, Landsberg
140 oben	Kai Burghardt, Erfurt
140 unten	Willy Landsiedel, Hochspeyer
141	Dr. Thomas Zipse, Lindau
142 oben	Josef Römer, Aachen
142 unten	Tina Wessel, Berlin
143 oben	Ulrich Schmidt, Berlin
143 unten	Lais Brüggen, Rendsburg
144 oben	Christoph Oertel, Berlin
144 unten	Frank Boje, Hannover
145	Lena Sophie Thalis, Rostock
146 oben	Turid Müller (www.teilzeitrebellin.de)
146 unten	Jessica Picker, Rühen
147 oben	Rainer Edelmann, Filderstadt
147 unten	Mike Leszinski, Stoltebüll
149 oben	Christine Werner, Ortenberg
149 unten	Max Martin Richter, Chemnitz
150 oben	Thorsten Hansen, Meckenheim
150 Mitte	Michael Lottig, Bad Salzdetfurth
150 unten	Philipp Eysel, Blankenburg/Harz
151 oben	Stefan Funk, Bad Rappenau-Bonfeld
151 unten	Bastian Sick
152 oben	Hans-Joachim Kesting, Bahrdorf
152 unten	Alfred Schulz, Eislingen/Fils
153 oben	Herbert Wanken, Frankfurt/Main
153 unten	Olaf Stille, Osnabrück
155	Annkatrin Müller, Freiburg
156 oben	Wargard Pfeiffer, Bodenmais
156 unten	Andreas Schwarzkopf, Merzhausen
157	Margarete Sczesny, Lüneburg

158 oben	Angela Körner-Armbruster, Bad Schussenried
158 unten	Andreas Richter, Braunschweig
159 oben	Bastian Sick
159 unten	Erika M. Werner, Köln
160 oben	Erhard Ducke, Paderborn
160 unten	Raven Sartoris, Bovenden
161 oben	Erika Böchheimer, Wien
161 unten	Michael Bahners, Neuss
163 oben	Inge Müller, Wahlstedt
163 unten	Marcus Gauch, Achern
164 oben	Cornelius Gundlach, Mainz
164 unten	Regine Holz, Freinsheim
165 oben	Margit Seitz, Wertingen
165 unten	Yvonne Thevenoz, CH-Laconnex
166 oben	Sabine Groll, Beuna
166 unten	Gerd Schoenewolf, Kassel
167 oben	Dr. Frank Häfner, Deisenhofen
167 unten	Constanze Lütke, Berlin
168 oben	Matthias Schwarze, Mainz
168 unten	Dr. Steffen Heger, Köln
169 oben	Annette Machlitt, Leipzig
169 unten	Katharina Gebhardt, Biederitz
170	Gesa Hangen, Gescher
171 oben	Bastian Sick
171 unten	Joachim Bernhard, Ahorn
173	Christian Popp, Niedenstein
174 oben	Inga Bertz, Nürnberg
174 unten	Helma Schwarz, Gladenbach
175 oben	Patrik Boerner, Berlin
175 unten	Jean-Pierre Knecht, Berlin
176	Anna-Maria Popp, Bamberg
177 oben	Volker Bruhn, Kiel
177 unten	Susanne Amft
178 oben	Harro Neuhardt, Hochheim
178 unten	Kathi Ziegler, Kalletal
179 oben	Olaf Rönitz, Berlin
179 unten	Alica Burmester, Hamburg
180 oben	Ulrich Gengenbach, Remchingen
180 unten	Klaus F. Kannegießer, Wunsiedel
181 oben	Philip Sumesgutner, CH-Siebnen
181 unten	Philip Gutzeit, Berlin
182 oben	Cathrin Gotschlich, Sebnitz
182 unten	Andreas Redl, Wien
183	Heiko F. Meyer, Estenfeld
185 oben	Nadine Losert, Heidelberg
185 Mitte	Oliver Stolper, Kaarst
186 oben	Winfried Rainer, Stade
186 unten	Claudia Glöß, Dippoldisweide
187 oben	Monika Heck, Göppingen
187 unten	Tina Walner, Jüchen
188 oben	Lutz Untermann, Bad Münstereifel
188 Mitte	Dejan Oljaca, München
188 unten	Christiane Leißner, Leipzig
189 oben	Aribert Schmidt, Bielefeld
189 unten	Elisabeth Burkhard, Lourdes (Frankreich)
191	Richard Pink, CH-Zürich
192 oben	Jana Flesch
192 unten	Vincent Schäfer, Eichenbühl
193 oben	Thorsten Schlachter, Gondelsheim
193 unten	Günter Sonnleitner, Erlangen
194 oben	Mathias Burger, Steinen
194 unten	Lars Winkler und Anja Klepzig-Winkler, Untermeitingen
195 oben	Micha Rohmund, Eschwege
195 unten	Christoph Oertel, Berlin
196 oben	Bastian Sick
196 unten	Christoph Oertel, Berlin
197	Wolfram Lange, Bötzingen
199	Jochen Flöthe, Kiel
200 oben	Angelika Rohde, Lüneburg
200 unten	Dr. Christian Beller, Freiburg
201	Jasmin Hofmeister, München

202 oben	Elisabeth und Daniel Vogel, Wettenberg-Wißmar	206 oben	Jakob Paul Messerschmidt, Erfurt
202 unten	Anika Herbst, Magdeburg	206 unten	Svenja Stegmeier, Bonn
203 oben	Sinje Gebauer, München	207 oben	Nils Scheltwort, Dossenheim
203 unten	Stefan von Urban, Hamburg	207 unten	Alix Männl, Nürnberg
204	Michael Scheib, Pattensen	208 oben	Anne Jahnke, Bremen
205 oben	Aleksandra Röhricht, Berlin	208 unten	Tobias Genz, Bremen
		209 oben	Nicolas Grascht, Uelzen
205 unten	Elisabeth Grill, Wien	209 unten	Nicolas Grascht, Uelzen

Haben auch Sie etwas entdeckt, das in die Happy-Aua-Reihe passt? Dann schicken Sie es mit möglichst genauen Quellenangaben an den Zwiebelfisch. E-Mail-Adresse und Postanschrift finden Sie auf www.bastiansick.de.

Auf die Plätze, fertig, Spaß!

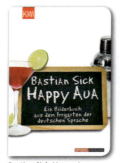

Bastian Sick. Happy Aua. Taschenbuch

Bastian Sick. Happy Aua 2. Taschenbuch

Bastian Sick. Hier ist Spaß gratiniert. Ein Happy-Aua-Buch. Taschenbuch

Bastian Sick. Wir braten Sie gern! Ein Happy-Aua-Buch. Taschenbuch

Bastian Sick. Füllen Sie sich wie zu Hause. Ein Happy-Aua-Buch. Taschenbuch

Leseproben und mehr unter www.kiwi-verlag.de

Verschicken Sie schon oder lachen Sie noch?

Bastian Sick. Speck, lass nach! Verdrehte Sprichwörter. Postkartenbuch mit 16 Motiven

Bastian Sick. Wir sind Urlaub. Das Happy-Aua-Postkartenbuch. Mit 16 Postkarten

Bastian Sick. Zu wahr, um schön zu sein. Verdrehte Sprichwörter. Mit 16 Postkarten

Leseproben und mehr unter www.kiwi-verlag.de

Sechs Richtige!

Bastian Sick. Der Dativ ist ... Folge 1. Taschenbuch. Verfügbar auch als E-Book

Bastian Sick. Der Dativ ist ... Folge 2. Taschenbuch. Verfügbar auch als E-Book

Bastian Sick. Der Dativ ist ... Folge 3. Taschenbuch. Verfügbar auch als E-Book

Bastian Sick. Der Dativ ist ... Folge 4. Taschenbuch. Verfügbar auch als E-Book

Bastian Sick. Der Dativ ist ... Folge 5. Taschenbuch. Verfügbar auch als E-Book

Bastian Sick. Der Dativ ist ... Folge 6. Taschenbuch. Verfügbar auch als E-Book

Leseproben und mehr unter www.kiwi-verlag.de

Haben Sie diese zwei, haben Sie alle!

Bastian Sick. Der Dativ ist dem Genitiv sein Tod.
Ein Wegweiser durch den Irrgarten der deutschen
Sprache. Die Zwiebelfisch-Kolumnen. Folge 1–3 in
einem Band. Taschenbuch

Bastian Sick. Der Dativ ist dem Genitiv sein Tod.
Ein Wegweiser durch den Irrgarten der deutschen
Sprache. Die Zwiebelfisch-Kolumnen. Folge 4–6 in
einem Band. Taschenbuch

»Der Dativ ist dem Genitiv sein Tod« ist eines der erfolgreichsten Bücher der letzten Jahre. Mit Kenntnisreichtum und Humor hat Bastian Sick uns durch den Irrgarten der deutschen Sprache geführt. Jetzt sind erstmalig alle sechs Folgen in zwei Bänden versammelt. Zwei Bücher zum Stöbern, Staunen und Immer-wieder-Nachschlagen.

Leseproben und mehr unter www.kiwi-verlag.de

Spaß und Lernerfolg garantiert!

Bastian Sick. Wie gut ist Ihr Deutsch? Der große Test. Taschenbuch. Verfügbar auch als E-Book

Wie lautet die Mehrzahl von Oktopus? Was ist ein Pranzer? Wofür stand die Abkürzung SMS vor hundert Jahren? Und ist Brad Pitt nun der gutaussehendste, bestaussehendste oder am besten aussehende Filmstar unserer Zeit? Der große Deutschtest von Bestsellerautor Bastian Sick versammelt spannende Fragen aus dem Fundus der Irrungen und Wirrungen unseres Sprachalltags.

Leseproben und mehr unter www.kiwi-verlag.de

App, App, hurra!

Die ultimative Quiz-App rund um die deutsche Sprache. 400 Fragen aus sieben Wissensgebieten, von Bastian Sick erdacht und mit ebenso launigen wie lehrreichen Antworten versehen. Wählen Sie aus vier verschiedenen Modi. Arbeiten Sie sich Stufe um Stufe aus dem Tal der Ahnungslosen bis auf den Gipfel der Weisheit vor und werden Sie Doktor, Professor und schließlich Graue Eminenz. Ein großer Spaß – nicht nur für Neunmalkluge. Auch Achtmalschlaue und Siebenmalgescheite werde auf ihre Kosten kommen. Entwickelt für iPhone und iPad, in jedem guten App-Store erhältlich.

Download: http://bit.ly/dativ

Alter: ab 12 Jahren
Spieldauer: 20 min
Anzahl der Spieler: 2 - 5

Art.Nr.: 699352

Das Ultra-Perfekt und der Kasus Verschwindibus – führen auch Sie Ihre Mitspieler aufs sprachliche Glatteis: Die Spieler lesen abwechselnd als Vorleser einem ihrer Mitspieler eine von drei Varianten eines Satzes auf der Karte vor. Schätzt der Mitspieler korrekt ein, ob der Satz richtig oder falsch ist, erhält er die Karte, wenn nicht, darf der Vorleser die Karte behalten. Es gewinnt, wer am Ende die meisten Karten besitzt.

kosmos.de

Bastian Sick im Hörbuch

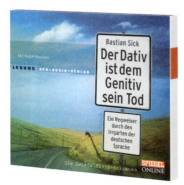

**Der Dativ ist dem
Genitiv sein Tod · Folge 1**

2 CDs · 2 h 33 min · 19,99 €*
ISBN 978-3-89813-400-2

**Der Dativ ist dem
Genitiv sein Tod · Folge 2**

2 CDs · 2 h 31 min · 19,99 €*
ISBN 978-3-89813-445-3

*unverbindliche Preisempfehlung

**Der Dativ ist dem
Genitiv sein Tod · Folge 4**

2 CDs · 2 h 39 min · 19,99 €*
ISBN 978-3-89813-881-9

**Der Dativ ist dem
Genitiv sein Tod · Folge 5**

2 CDs · 2 h 48 min · 19,99 €*
ISBN 978-3-86231-273-3

Folgen 1–5 auch als Download erhältlich!

www.der-audio-verlag.de

Besuchen Sie mich im Internet:
www.bastiansick.de

Und auf Facebook:
www.facebook.com/bastian.sick.